Schlüsselqualifikationen – Türöffner für die Zukunft

Übungen und Arbeitsblätter für Jugendliche

Antonia Klein

Verlag an der Ruhr

Impressum

Titel
Schlüsselqualifikationen – Türöffner für die Zukunft
Übungen und Arbeitsblätter für Jugendliche

Autorin
Antonia Klein

Titelbildmotive
Schlüssel: © Jules_Kitano; Schlüsselloch © awfoto – beide Fotolia.com

Verlag an der Ruhr
Mülheim an der Ruhr
www.verlagruhr.de

Geeignet für die Klassen 5–10

Unser Beitrag zum Umweltschutz:
Wir sind seit 2008 ein ÖKOPROFIT®-Betrieb und setzen uns damit aktiv für den Umweltschutz ein. Das ÖKOPROFIT®-Projekt unterstützt Betriebe dabei, die Umwelt durch nachhaltiges Wirtschaften zu entlasten. Unsere Produkte sind grundsätzlich auf chlorfrei gebleichtes und nach Umweltschutzstandards zertifiziertes Papier gedruckt.

ISBN 978-3-8346-2780-3

Printed in Germany

Inhaltsverzeichnis

Für Henry und Florentine

Mein Dank geht an alle, die mir ein offenes Ohr und eine helfende Hand geschenkt haben!

Antonia Klein, geb. Harnau, Jahrgang 1974, studierte Sozialpädagogik (Diplom) sowie Erwachsenenbildung (M.A.) und ist ausgebildeter Coach (DGfC).
Sie arbeitete über zehn Jahre bei einem Wohlfahrtsverband mit dem Schwerpunkt Schule.
In dieser Zeit ist ihr erstes Buch „Ich – Du – Wir alle! – 33 Spiele für Soziales Kompetenztraining" beim Verlag an der Ruhr entstanden.
Seit 2007 führt sie mit ihrer Geschäftspartnerin das Unternehmen schluessel & blume.
Neben der Entwicklung von Produkten für bildende, beratende und therapeutische Berufszweige gibt sie Trainings und Coachings für Einzelne und Systeme unterschiedlicher Branchen.
In diesem Kontext ist sie auch für die Cornelsen Akademie im Bereich der Lehrerfortbildung und für die Quadriga Hochschule im Studiengang Personalmanagement tätig.
Vor diesem Hintergrund entstand die Idee, ihre gesammelten Erfahrungen in einem Handbuch zum Thema Schlüsselqualifikationen für die Arbeit mit Jugendlichen und Schülern zugänglich zu machen, um diesen den Weg in die Zukunft zu erleichtern.

www.schluesselundblume.de

Schlüsselqualifikationen als Türöffner für die Zukunft — 1/2

Ohne bestimmte Qualifikationen können Jugendliche (und natürlich auch Erwachsene) den Anforderungen in Alltag, Schule und Berufsleben nicht genügen. Ob es die selbstständige Beobachtung mit einer Aufgabe ist, der Umgang mit Stress oder das empathische Eingehen auf andere Menschen – jede Situation erfordert gewisse Eigenschaften, die sich nicht in klassischen Leistungsabfragen messen lassen. Sie fliegen einem auch nicht einfach zu, sondern müssen erlernt und gezielt trainiert werden. Egal ob eine bestimmte Situation im Kontext von Schule und Jugendarbeit Sie dazu veranlasst hat, nach diesem Handbuch zu greifen, oder ob Sie ganz grundsätzlich Interesse daran haben, den Jugendlichen die grundlegenden Schlüsselqualifikationen zu vermitteln: Sie können sie mit diesem Handbuch bei der **Bewältigung ihrer Alltagsprobleme** zielgerichtet unterstützen und mithilfe der praxiserprobten Materialien die Lust auf die **Auseinandersetzung mit der eigenen Persönlichkeit** wecken und alle wichtigen Kompetenzen trainieren. So geben Sie den Jugendlichen im wahrsten Sinne des Wortes den Schlüssel für ein selbstständiges Leben in die Hand. Das vorliegende Handbuch befasst sich mit allen gängigen Schlüsselqualifikationen, welche für eine **individuelle Lebensgestaltung** und zur **erfolgreichen Bewältigung der Anforderungen** in der Schule und im späteren Berufsleben benötigt werden.
Die Schlüsselqualifikationen lassen sich folgenden drei Kernkompetenzen zuordnen:

- **Selbstkompetenz**
- **Sozialkompetenz**
- **Methodenkompetenz**

Alle drei Bereiche greifen ineinander und führen zur sogenannten **Handlungskompetenz**. Diese ist notwendig, um **Fachwissen** eigenständig anwenden zu können, und ermöglicht es, das **Leben eigeninitiativ und gesellschaftskonform zu bewältigen** – sprich: **als mündiger Bürger das eigene Leben zufriedenstellend** zu **gestalten**.
Der von Dieter Mertens 1974 geprägte Begriff **Schlüsselqualifikationen** umfasst also Kenntnisse, Fähig- und Fertigkeiten, welche als **überfachliche Qualifikationen** definiert werden.
In der Schule kann die Thematisierung von Schlüsselqualifikationen zur Vorbereitung auf das

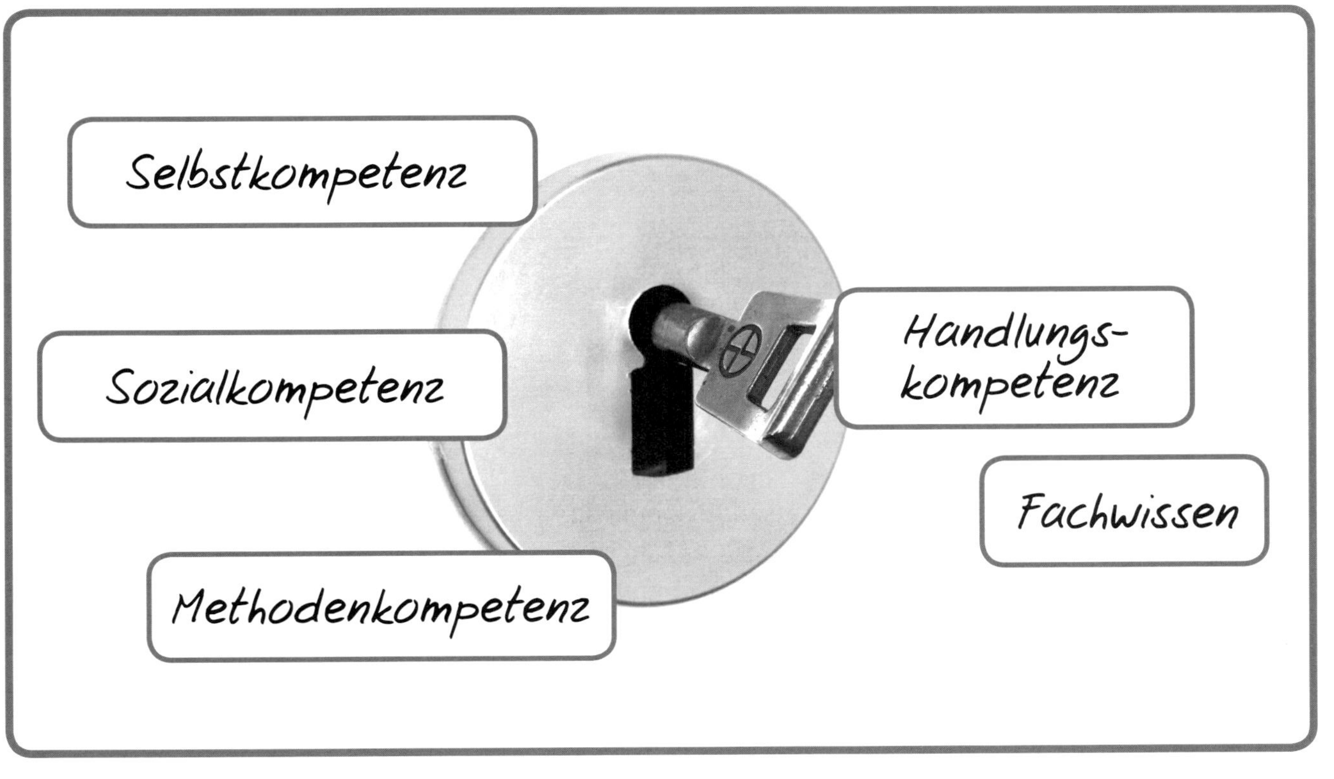

Schlüsselqualifikationen als Türöffner für die Zukunft 2/2

spätere Berufsleben dienen, aber auch dem sogenannten „Lernenlernen" Rechnung tragen. Denn die Erschließung von Schlüsselqualifikationen bietet **Stützpfeiler und methodische Zugänge für die Aufnahme und Verarbeitung von Fachwissen** im Kontext Schule.

Im Zuge einer individuellen Lebensbewältigung leisten die Schlüsselqualifikationen einen wichtigen Beitrag. Sie sind es, die uns **zum reflektierten Handeln befähigen** und mit dem notwendigen Rüstzeug ausstatten, um sich weiterzuentwickeln, das **eigene Leben** nach persönlichen Vorstellungen zu **formen** und mit anderen in Einklang zu bringen. Wenn dies gelingt, können wir gar von Lebenskunst sprechen.

Neben der **Familie** können andere Lebensräume Jugendlichen die Chance bieten, sich Schlüsselqualifikationen anzueignen und auszubilden. **Jugendarbeit und Schule** leisten einen wertvollen Dienst, wenn es um die Vorbereitung auf die Zukunft geht. Diese Arbeit kann ein wunderbarer Auftrag sein, insbesondere dann, wenn es eine gemeinsame Entdeckungsreise wird, deren Sinn sich durch Transparenz, Offenheit, Humor und Wertschätzung erschließt.

Es stellt sich abschließend die Frage, ob und, wenn ja, inwieweit Schlüsselqualifikationen trainiert werden können. Kann der Mensch sein Verhalten überhaupt ändern bzw. aktiv beeinflussen? Die Persönlichkeitspsychologie geht davon aus, dass es fünf Dimensionen in individuell unterschiedlicher Ausprägung gibt, die den **Kern der Persönlichkeit** ausmachen:

- **Extro- und Introvertiertheit,**
- **Verträglichkeit,**
- **Gewissenhaftigkeit,**
- **Offenheit und**
- **Neurotizismus (emotionale Labilität).**

Dieses sogenannte Fünf-Faktoren-Modell nach Borkenau und Ostendorf bietet eine Erklärung dafür, warum Menschen Stress unterschiedlich empfinden, also nicht gleichermaßen belastbar sind, oder warum es dem einen leichtfällt, vor einer Gruppe zu sprechen, der andere sich hingegen nichts Schlimmeres vorstellen kann. Für die Auseinandersetzung mit Schlüsselqualifikationen bedeutet dies, dass es weniger darum geht, einen vorgegebenen Idealzustand anzustreben, sondern um eine **Bewusstmachung der eigenen Potenziale und Defizite** sowie die **Erweiterung von Handlungskompetenz** im persönlichen Entwicklungshorizont nach selbst gesetzten Maßstäben. Das vorliegende Handbuch unterstützt Sie und die Jugendlichen dabei bestmöglich und bietet Übungen, welche die grundlegenden Schlüsselqualifikationen von A bis Z vermitteln und ausbilden.

So festigen die Jugendlichen ihre Kompetenzen im **Umgang mit sich**, z. B. durch Übernahme von Eigenverantwortung, und im **Umgang mit anderen Menschen**, indem sie beispielsweise ihre Empathie schulen. Auch die **Zusammenarbeit mit anderen** wird trainiert, etwa durch Übungen zur Teamfähigkeit. Mit diesem Handbuch haben Sie, als Lehrkraft oder Pädagoge, also das nötige Rüstzeug an der Hand, um Ihre Schützlinge bestmöglichst für ihre Zukunft auszustatten.

Wie Sie mit dem Handbuch arbeiten – ein Wegweiser __1/3

Mit den nachfolgenden Übungen und Arbeitsblättern bekommen die Jugendlichen in Ihrer Gruppe oder Klasse die Möglichkeit, sich sowohl theoretisch als auch praktisch dem Thema Schlüsselqualifikationen anzunähern und diese in ihren Alltag zu transferieren. Dabei geht es zum einen um eine Bewusstwerdung von Eigenschaften, die sich schwer in Leistungsabfragen fassen lassen, und zum anderen um ein konkretes Erleben, um Schlüsselqualifikationen nicht nur (theoretisch) zu begreifen, sondern auch praktisch zu trainieren.

Zu Beginn finden Sie **zwei übergreifende Arbeitseinheiten**, die Sie dazu nutzen können, das Thema grundlegend einzuführen, zu bearbeiten, zusammenzufassen oder zu evaluieren. Das Arbeitsblatt **Mein Stern der Schlüsselqualifikationen** bietet die Grundlage für eine individuelle Auseinandersetzung mit der Thematik und gleicht einer selbst erarbeiteten Profilanalyse. Die **Qualifikationsbörse** schafft einen Überblick über die vorhandenen Kompetenzen in der Gruppe und verknüpft einzelne Schlüsselqualifikationen miteinander, indem diese gemeinsam als Arbeitsergebnisse präsentiert werden.

Am Ende des Buches finden Sie eine Vorlage für eine **Urkunde**, die Sie je nach Bedarf bzw. zu besonderen Anlässen als Zeichen der Wertschätzung und zur Auszeichnung herausragender Ergebnisse verwenden können. Verwendete Literatur findet sich im **Literaturverzeichnis**, eine Liste mit **Medientipps** schließt das Buch ab und ermuntert zum Weiterlesen.

Den **Kern des Buches** bilden die alphabetisch aufgelisteten Schlüsselqualifikationen. Jede Schlüsselqualifikation wird in vier Arbeitseinheiten behandelt, die durch die aufgeführten Icons gekennzeichnet sind:

1. Theoretischer Einstieg

Hier bekommen Sie Unterstützung, wenn es darum geht, das Thema einzuleiten, inhaltlich zu erfassen und mit den Jugendlichen ins Gespräch zu kommen. Der theoretische Einstieg stellt aktuelle Erkenntnisse und bewährte Modelle zu der jeweiligen Schlüsselqualifikation übersichtlich dar. Dabei werden die Bedürfnislagen und Problemstellungen von Jugendlichen selbstverständlich miteinbezogen und in der nachfolgenden Umsetzung zielgruppenspezifisch aufbereitet.

2. Praxisübungen

Sie als Lehrkraft oder Pädagoge bekommen eine Anleitung und die Jugendlichen einen ersten praktischen, meist spielerischen Bezug, um sich der jeweiligen Schlüsselqualifikation zu nähern und über das Erleben zu verstehen. Die Übungen sind sicherlich ein wesentlicher Bestandteil des Buches, da sie ein ganzheitliches Lernen mit allen Sinnen ermöglichen. Dieses ist umso effektiver, je mehr Sie in der Gruppe die Möglichkeit zur Reflexion geben. Zur Orientierung werden im Anschluss an die Spiel- und Übungsbeschreibungen mögliche Reflexionsfragen aufgeführt. Gibt es eine Besonderheit oder etwas zu bedenken, wird dies unter der Rubrik Anmerkung aufgeführt.

3. Arbeitsblatt

Die Arbeitsblätter dienen der persönlichen Selbstreflexion. Ziel ist die vertiefte Auseinandersetzung mit der jeweiligen Schlüsselqualifikation, die vorrangig in Einzelarbeit, auch als Hausaufgabe, vollzogen wird. Auch hier ist

Wie Sie mit dem Handbuch arbeiten – ein Wegweiser __2/3

eine Nachbesprechung mit dem Partner, in Kleingruppen oder im Plenum sinnvoll, damit ein Austausch der Jugendlichen untereinander stattfinden und über die unterschiedlichen Sichtweisen diskutiert werden kann.

4. Meine Schritte in den Alltag

Bei den Transferaufgaben geht es um den konkreten Alltagsbezug, damit die Jugendlichen das vorab Gelernte mit ihrer Lebensrealität verknüpfen und in Handlungskompetenz umsetzen können. Hier zeigt sich, ob das zuvor Erarbeitete erschlossen und der praktische Nutzen für das eigene Leben erkannt wurde. Dieser vierte und abschließende Teil umfasst Fragestellungen, die z. B. als Hausaufgabe bearbeitet werden können, aber auch als Übungen für Kleingruppen oder die ganze Gruppe dienen.

Selbstverständlich können Sie jede Schlüsselqualifikation wie auch jede Arbeitseinheit innerhalb einer Schlüsselqualifikation einzeln und unabhängig von den anderen bearbeiten lassen. So ist es ohne Probleme möglich, gezielt einzelne Schlüsselqualifikationen zu trainieren, sei es mit der ganzen Gruppe oder einzelnen Jugendlichen. So müssen Sie das Handbuch nicht von vorn bis hinten durcharbeiten, sondern es ist Ihnen ein wertvoller Begleiter, den Sie je nach Bedarf immer wieder benutzen können. Der Idealfall ist, wenn Sie bei der Bearbeitung einer Schlüsselqualifikation die Möglichkeit haben, alle Arbeitseinheiten in Folge durchzuführen. Die thematische Auseinandersetzung erfolgt dann prozessorientiert und wirkt nachhaltiger. Dieses muss nicht an einem Stück (in einer Unterrichtsstunde) erfolgen, sondern kann mit Unterbrechungen stattfinden.

Sie werden feststellen, dass einige Schlüsselqualifikationen thematisch zusammenhängen. Daher kann es Sinn machen, diese aufeinanderfolgend zu bearbeiten. Die Zusammenhänge, aber auch die inhaltlichen Abgrenzungen werden den Jugendlichen helfen, die Schlüsselqualifikationen umfassend und differenziert zu begreifen. Zur Orientierung wird am Ende des theoretischen Einstiegs auf „verwandte" Schlüsselqualifikationen durch dieses Icon hingewiesen.

Es gibt im Übrigen keine „richtige" oder „falsche" Durchführung der folgenden Arbeitseinheiten: Im Vordergrund steht der Impuls für ein Gespräch mit den Jugendlichen. Vielleicht hat es einen konkreten Anlass gegeben, der Sie dazu gebracht hat, zu diesem Handbuch zu greifen. Anlässe können z. B. Unpünktlichkeit, Unkonzentriertheit, schwelende Konflikte oder ein respektloses Klima sein. Aber auch bevorstehende Ereignisse, wie z. B. eine Prüfung, die Planung eines Ausflugs oder die Vorbereitung auf ein Vorstellungsgespräch, können den Anstoß für das Trainieren von Schlüsselqualifikationen gegeben haben.

Allerdings sollten Sie berücksichtigen, dass die mit den Schlüsselqualifikationen einhergehenden Inhalte die Persönlichkeit jedes einzelnen Jugendlichen mehr oder weniger berühren und ggf. (weitere) Problemstellungen zum Vorschein bringen können. Eine gute Vertrauensgrundlage sollte also die Basis für die Arbeitseinheiten bilden. Fehlt es an Vertrauen in Sie als Durchführenden oder in die Gruppe, ist mit Abwehrreaktionen und Schutzmechanismen, sogenannten Konfliktvermeidungsstrategien, zu rechnen. Diese können sich in Bagatellisieren, Spott, Arbeitsverweigerung oder auch in Aggressionen äußern. Fällt Ihnen dieses bei einzelnen Jugendlichen auf, sollten Sie ein Einzelgespräch führen, indem Sie deutlich machen, dass sich die Arbeitsergebnisse im Kontext Schule nicht auf die Schulleistungen auswirken, sondern der eigenen Entwicklung dienen und grundsätzlich als helfendes Angebot verstanden werden sollen. Merken Sie, dass die ganze Gruppe die Mitar-

Wie Sie mit dem Handbuch arbeiten – ein Wegweiser 3/3

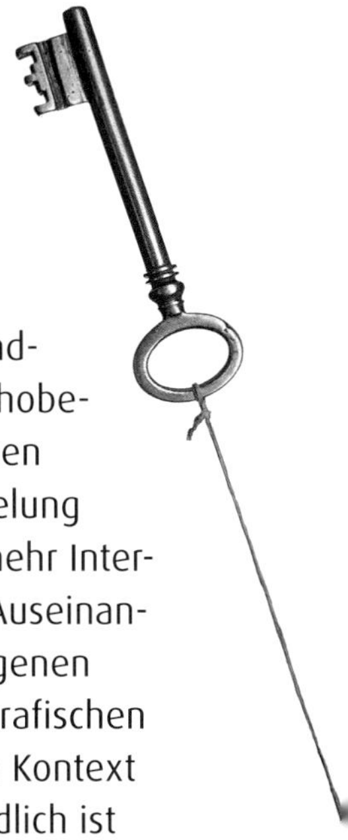

beit verweigert, suchen Sie das offene Gespräch und fangen Sie zunächst mit Schlüsselqualifikationen an, die die Gruppendynamik positiv stärken, wie Empathie oder Teamarbeit.

Ihre persönliche Haltung zu diesem Thema ist zusätzlich ausschlaggebend für die erfolgreiche Vermittlung und Bearbeitung der Schlüsselqualifikationen. Auch als Erwachsene befinden wir uns in einem sich stetig weiterentwickelnden Lernprozess und vielleicht müssen Sie beim Lesen dieses Buches das ein oder andere Mal schmunzeln, wenn Sie feststellen, dass die Inhalte auch durchaus für Ihre Lebenspraxis vonnutzen sein können. Setzen Sie Ihre Messlatte für den Lernerfolg der Jugendlichen nicht zu hoch. Aus eigener Erfahrung wissen Sie vielleicht, dass es manchmal nur einen Satz, einen kurzen Moment, einen Impuls braucht, um entscheidende Weichen zu stellen und um das, was in uns steckt, zum Vorschein und zur Entfaltung zu bringen.

Der Einsatz dieses Handbuches soll keinem erhobenen Zeigefinger gleichen und nicht der Maßregelung dienen, sondern vielmehr Interesse und Lust an der Auseinandersetzung mit der eigenen Persönlichkeit im biografischen und gesellschaftlichen Kontext wecken. Denn letztendlich ist genau das die treibende Kraft, die uns zu eigenverantwortlichem und lebenslangem Lernen motiviert und uns zu mündigen Bürgern macht.

Mein Stern der Schlüsselqualifikationen

Das Arbeitsblatt **Mein Stern der Schlüsselqualifikationen** ist übergreifend und dient der Selbsteinschätzung. Es ist zu Beginn, während oder am Ende der Bearbeitung einzelner Schlüsselqualifikationen variabel einsetzbar, um

- **eine Bestandaufnahme zu machen,**
- **Ziele zu definieren oder**
- **Entwicklungen zu verdeutlichen.**

Es eignet sich auch als übergreifendes Instrument, da es unterschiedliche Schlüsselqualifikationen miteinander ins Verhältnis setzt und daraus ein umfassendes Persönlichkeitsprofil mit einer individuellen Stärken- und Schwächenanalyse entstehen lässt.

Durchführung

Bitten Sie die Jugendlichen, mit einem Stift ihren Entwicklungsstand in der jeweiligen Schlüsselqualifikation zu markieren. Geben Sie maximal fünf Schlüsselqualifikationen vor. Je länger die Sternenzacke wird, desto weiter ist die jeweilige Schlüsselqualifikation entwickelt. Der Stern oder einzelne Sternenzacken können nun als Ausgangspunkt zur Weiterarbeit dienen.

Anmerkung

Interessant ist in diesem Zusammenhang, ob es eine Diskrepanz in der Selbst- und Fremdwahrnehmung gibt, d.h. wie der Entwicklungsstand der Jugendlichen von anderen eingeschätzt wird. Dies kann z.B. in Partnerarbeit besprochen werden. Dabei können die Jugendlichen Über- oder Unterschätzungen von Fähigkeiten und Eigenschaften besprechen und mögliche Gründe hierfür reflektieren.
Viele Jugendliche neigen dazu, ihre Vorstellungen von der Zukunft von der Realität der Gegenwart abzuspalten. So kann ein Schüler mit einem schlechten Notendurchschnitt später kein Medizinstudium aufnehmen, um Arzt zu werden. Daher ist es wichtig, frühzeitig eine klare Vorstellung des eigenen Könnens und der Stärken sowie der eigenen Grenzen und Schwächen zu haben, um dementsprechend handeln zu können und später nicht umso schmerzhafter das böse Erwachen zu erleben. Bezug nehmend auf das Thema Schlüsselqualifikationen, besteht zudem die Gefahr, dass Jugendliche das erwartete Verhalten zeigen, ohne dieses zu begreifen und ein wirkliches Verständnis dafür zu haben. Das kann am Beispiel der Teamarbeit verdeutlicht werden: Die Jugendlichen meinen, zu wissen, wie Teamarbeit funktioniert und was das Ziel sein soll. Dabei sind sie sich z.B. jedoch nicht der verschiedenen Teamphasen bewusst oder der unterschiedlichen Rollen im Team, die verschiedene Aufgaben haben und je nach Zusammensetzung der Gruppe unterschiedlich verteilt werden. Im späteren Berufsleben oder im Studium kann dies zu Problemen bei der Arbeit im Team führen, da das Wissen um die eigenen Stärken und Schwächen unter anderem die Zusammenarbeit mit anderen maßgeblich beeinflusst. Durch einen Mangel bestimmter Qualifikationen kann das soziale Miteinander – seien es Freunde, Mitschüler und die Familie oder Vorgesetzte und Kollegen – erschwert und belastet werden.

Hier finden die Feedbackmethoden ihre Anwendung, die bei der Schlüsselqualifikation **Kritikfähigkeit** genannt werden.

Mein Stern der Schlüsselqualifikationen

Zeichne einen Stern mit fünf Zacken.
Jede einzelne dieser Zacken stellt eine andere Schlüsselqualifikation dar. Durch die Länge der jeweiligen Sternenzacke verdeutlichst du, ob diese Schüsselqualifikation bei dir schon gut entwickelt ist oder noch Entwicklungspotenzial besteht.

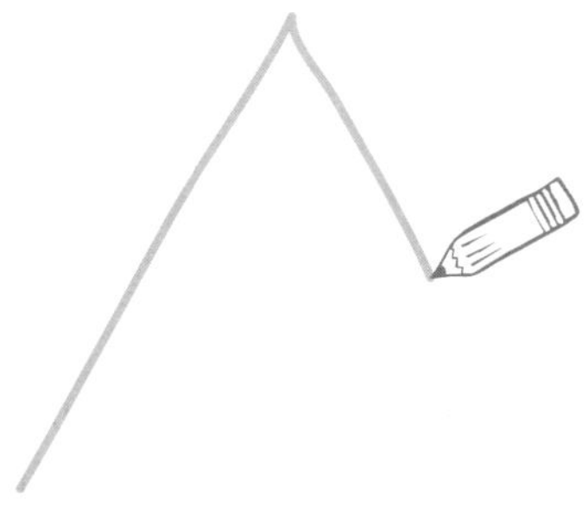

Tausche dich mit einem Partner über deinen Stern der Schlüsselqualifikationen aus.
Wie bewertet der andere deinen Stern? Deckt sich deine Einschätzung mit der des anderen? Bei welchen Schlüsselqualifikationen unterscheidet sich die Einschätzung?
Was können Gründe für die unterschiedliche Einschätzung sein?

Unsere Qualifikationsbörse

Die Qualifikationsbörse verbindet ebenfalls übergreifend die thematische Bearbeitung unterschiedlicher Schlüsselqualifikationen und stellt einen Transfer in den Alltag her, indem sie ihren Nutzen in der Gruppe oder in der Klasse entfaltet. Sie hat die Gestalt einer Pinnwand oder eines Schwarzen Bretts, auf dem sich Angebote aus folgenden Schlüsselqualifikationen wiederfinden können:

- **Hilfsbereitschaft** mit Hilfeangeboten
- **Informationskompetenz** mit Quellenangaben
- **Kreativität** in der Ausgestaltung dessen, wie die Börse aussieht
- **Teamfähigkeit** mit der Verteilung von Rollen und damit verbundenen Aufgaben
- **Vernetzung** als die Qualifikationsbörse an sich
- **Wertschätzung** mit Lobkärtchen

Ziel ist es also, Erarbeitetes zu präsentieren und individuelle Qualifikationen für alle sichtbar werden zu lassen. Dafür benötigen Sie eine Pinnwand, eine Art Schwarzes Brett oder einfach nur ein großes Blatt.

Durchführung

Sie finden den Hinweis auf eine mögliche Qualifikationsbörse bei den oben genannten Schlüsselqualifikationen durch folgendes Icon.

Insbesondere in Klassenzimmern wird es so etwas wie die Qualifikationsbörse im Kontext eines Classroom-Managements vielleicht schon geben. Die Qualifikationsbörse bietet sich dann an, wenn sie bereits vorhandene Strukturen zusammenführen und in die Thematik einbinden möchten oder Sie diese Idee als Anlass nutzen, den Lerneffekt mit dem Praktischen zu verbinden und die Schlüsselqualifikationen mit Leben zu füllen. Zu den sichtbaren Schlüsselqualifikationen können Sie noch andere Qualifikationen mit ins Spiel bringen. Zuverlässigkeit, Kommunikationsfähigkeit, Ordnungssinn und einige andere werden im Verlauf der Börse eine Rolle spielen. Wenn Sie die Börse installieren möchten, bringen Sie diese zunächst in dem Raum der Jugendlichen an. Sie können dieses auch direkt zusammen gestalten. Und schon befinden Sie sich im direkten Transfer!

Anmerkung

Sie können natürlich auch weitere Schlüsselqualifikationen bzw. Anwendungsideen auf der Pinnwand platzieren. Auch Ihnen sind in Ihrer Kreativität keine Grenzen gesetzt! Vielleicht haben die Jugendlichen selbst ja auch noch weitere Ideen.

Und so könnte die **Qualifikationsbörse** aussehen:

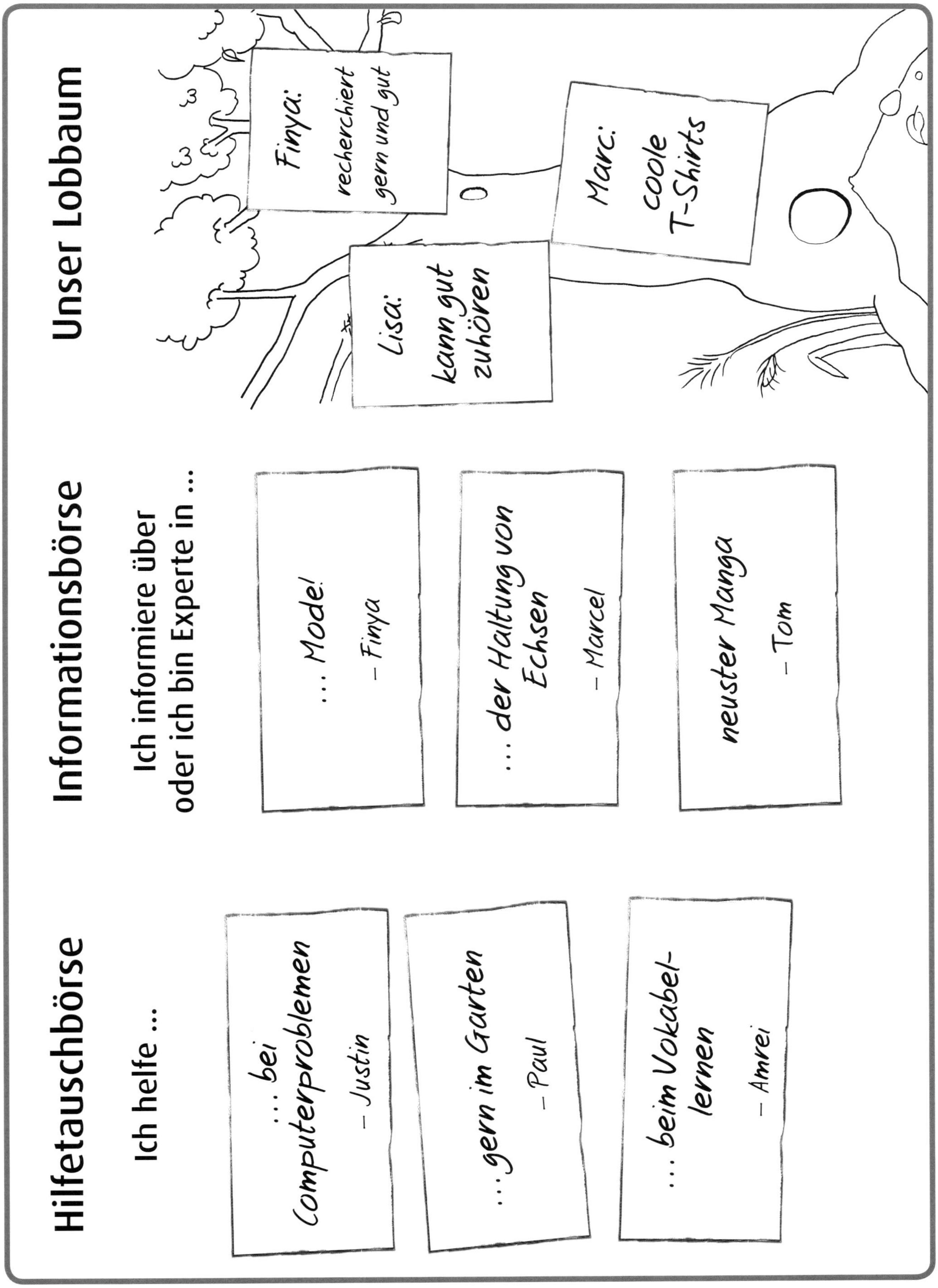

Achtsamkeit

Der Achtsamkeit kommt in unserer schnelllebigen Zeit immer mehr Bedeutung zu. Insbesondere im Stressmanagement spielt sie eine entscheidende Rolle. Achtsam handelt, wer sich voll und ganz dem zuwendet, was er gerade macht bzw. was gerade passiert, ohne die Geschehnisse oder Gedanken zu bewerten. Wirklich im Hier und Jetzt zu sein, stoppt das Gedankenkarussell und reduziert Stress nachhaltig. Ruhe und Gelassenheit verstärken sich. Achtsam sein bedeutet konkret, im Jetzt zu bleiben und den Moment umfassend zu erleben – und im Idealfall zu genießen. Für Jugendliche ist dies sicherlich eine der Schlüsselqualifikationen, die am entferntesten von ihrem Alltag erscheint. Die Erfahrung zeigt jedoch, dass die folgenden Übungen bei wiederholter Durchführung Gefallen findet und ihre Wirkung entfaltet. Lassen Sie sich nicht entmutigen, wenn die Jugendlichen die Übungen zunächst als langweilig oder unnütz bezeichnen. Es zeigt, dass sie mit Widerständen reagieren, wenn sich die Sinnhaftigkeit nicht sofort erschließt oder auch unangenehme Gefühle hervorruft.
Achtsamkeit muss klar von Konzentration unterschieden werden: Konzentration bedeutet, sich aufmerksam auf einen bestimmten Gegenstand zu fokussieren und seine ganze Wahrnehmung darauf zu richten. Achtsamkeit hat eine dazu entgegengesetzte Ausrichtung. Hier wird der Fokus nicht gezielt eingeengt, sondern vielmehr weit gestellt, d. h., es besteht eine umfassende Offenheit für die gesamte Fülle der Wahrnehmung. Das Deutlichmachen des Unterschiedes zwischen Achtsamkeit und Konzentration bietet sich an, um den Jugendlichen diese Qualifikation näher zu bringen.

Folgende Fragestellungen können für einen Gesprächseinstieg hilfreich sein:

- Was verbindet ihr mit dem Begriff Achtsamkeit?
- Was ist wohl der Unterschied zwischen Achtsamkeit und Konzentration?
- Habt ihr eine Idee, wieso Achtsamkeit immer wichtiger wird?
- Seid ihr achtsam? In welchen Momenten?
- In welchen Situationen könntet ihr achtsamer sein?

Empathie, Kommunikationsfähigkeit, Wertschätzung

Achtsamkeit

Nachfolgend drei kurze Übungen, die sehr einfach durchzuführen sind und unterschiedliche Sinne ansprechen. Am effektivsten sind diese, wenn die Jugendlichen dabei ihre Augen schließen.

Ziel:	Wahrnehmungserweiterung
Material:	Gummibärchen oder etwas anderes zum Essen
Zeit:	jeweils 5 bis 10 Minuten

Wie sitze ich?

Durchführung: Die Jugendlichen sind aufgefordert, die eigene Körperhaltung wahrzunehmen:

- „Wie fühlen sich meine Schultern an?"
- „Wie fühlen sich meine Hände an?"
- „Wie fühlen sich meine Füße an?"
- „Wie fühlt sich der Kontakt zwischen mir und dem Stuhl an?"

3-Minuten-Atemraum

Durchführung: Zu Beginn einer Gruppenphase ist Zeit für einen Atemraum, in dem die Jugendlichen sich aufrecht auf ihren Stuhl setzen und ihre Atembewegung beobachten:

- „Wie spürt sich mein Einatmen an?
  Ist mein Atem flach oder tief?"
- „Wie spürt sich mein Ausatmen an?"
- „Kann ich meinen Atem im Körper fühlen?"

Gummibärchen essen

Durchführung: Jeder bekommt ein Gummibärchen oder eine andere Kleinigkeit zu essen:

- „Wie riecht das Gummibärchen?"
- „Wie schmeckt es? Wie ist seine Konsistenz?"
- „Wie läuft meine Kau- und Schluckbewegung ab?"

Reflexion: Wie war die Übung? Was ist euch aufgefallen? Worüber wart ihr verwundert?

— in Anlehnung an: www.institut-achtsame-kommunikation.de/index.php/informationen-zu-achtsamkeit/achtsamkeit-fuer-paedagogen, aufgerufen am 25.10.2014

Achtsamkeit

Das nehme ich wahr

Schreibe auf, was du wahrnimmst, wenn du dich im Raum umschaust.
Was hörst du? Was riechst, schmeckst und fühlst du?
Schreibe alles auf – jede Kleinigkeit, die du wahrnimmst, hat ihre Berechtigung.

Ich sehe:

Ich höre:

Ich rieche:

Ich schmecke:

Ich fühle:

Welche Erfahrungen hast du gemacht?
Suche dir einen Partner und vergleicht eure Eindrücke.
Unterscheiden sie sich? Woran kann das liegen?

Achtsamkeit

Ich bin achtsam im Umgang mit anderen

Die Basis von Freundschaft ist das Gespräch. Unsere Freunde bekommen auf verschiedensten Wegen mitgeteilt, wie es uns geht, was wir gerade tun oder ob etwas Interessantes passiert ist. Die folgende Übung befasst sich mit achtsamem Zuhören. Achtsames Zuhören bedeutet, dem Sprecher seine ungeteilte Aufmerksamkeit zu schenken. Achtsames Zuhören ist gar nicht so einfach, denn sehr häufig kommt es vor, dass wir bereits sicher sind, zu wissen, was der andere sagen will. Schon im Augenblick einer solchen Vorwegnahme sind wir nicht mehr achtsam. Ein weiteres Phänomen, das uns häufig daran hindert, achtsam zuzuhören, ist das „Zurechtlegen" von Gegenargumenten, bevor der andere überhaupt alles gesagt hat. Ein wichtiger Schritt zum achtsamen Zuhören besteht also darin, uns bewusst zu machen, wenn wir nicht mehr zuhören, sondern im Geiste schon eine Antwort formulieren. Das Gleiche gilt für die Bewertung des Gehörten. Achtsam zuhören heißt, das Gehörte nicht zu bewerten oder den anderen nicht zu verurteilen.
Es bedeutet, den anderen zu ermutigen, seine Gedanken auszusprechen, und ihn liebevoll und tröstend zu behandeln. Ein weiterer Fehler, der uns beim Zuhören anderer häufig unterläuft, besteht darin, das Gesagte reflexartig auf uns selbst zu beziehen. Das passiert interessanterweise häufiger, wenn es sich um einen vermeintlichen Vorwurf handelt, als wenn vielleicht ein Lob hinter der Äußerung steckt. Wirklich zuhören können nur ganz wenige Menschen. Richtig zuhören zu können, ist äußerst bereichernd. Das solltest du dir nicht entgehen lassen!

Versuche einmal Folgendes:
Suche dir einen Gesprächspartner, im Idealfall jemanden, mit dem du befreundet bist. Ihr sollt einen achtsamen Dialog führen. Selbstverständlich sollte alles, was erzählt wird, vertraulich bleiben. Nun stellt ihr eine einfache Frage, wie z. B. „Wie geht es dir heute?". Entscheidet, wer zuerst spricht. Beobachtet auch, welche Gedanken und Gefühle vorhanden sind. Nach zwei Minuten wird gewechselt und die Rollen werden getauscht.

Reflexion: Wie ging es euch mit der Übung? Was war einfach, was war schwierig? War etwas neu für euch? Wieso ist es wichtig, auch bei den vermeintlich einfachen Fragen zuzuhören?

— in Anlehnung an: www.institut-achtsame-kommunikation.de/index.php/informationen-zu-achtsamkeit/achtsamkeit-fuer-paedagogen, aufgerufen am 25.10.2014

Ausdauer

Ausdauer ist nicht nur im Job eine wichtige Schlüsselkompetenz – auch für Jugendliche ist sie bereits im sozialen Umfeld und beim Lernen bedeutsam. Ausdauer und Geduld gehen oft einher, denn das Trainieren von Ausdauer verlangt auch Geduld. Der gemeinsame Nenner ist die Beharrlichkeit, mit der wir Aufgaben bewältigen. Doch immer weniger Jugendliche verfügen über Ausdauer und Geduld. Schnell ist man mit der Diagnose AD(H)S zur Stelle. Aber: Ausdauer lässt sich trainieren. Dafür braucht es Freiräume, Zeit und Langeweile. Güter, die in der heutigen schnelllebigen und eng getakteten Zeit eher die Ausnahme sind. Es ist ein Paradox, wenn Ausdauer erwartet wird, jedoch nicht die Ausdauer geboten wird, diese zu entwickeln. Ausdauer trainieren verbinden wir oft mit Sport. Im Sport zeigt sich, dass selbst untrainierte Menschen egal welchen Alters ihre Ausdauer verbessern können. Das ist ein schönes Beispiel, um die Jugendlichen zu motivieren und auch die Ausdauer als Schlüsselqualifikation zu trainieren. Gehen Sie es sportlich an!

Folgende Fragestellungen können für einen Gesprächseinstieg hilfreich sein:

- Wieso ist Ausdauer für so viele Arbeitgeber und auch in der Schule wichtig?
- Worin seid ihr besonders ausdauernd?
- Wie habt ihr diese Ausdauer erreicht?
- Was hat euch dazu angespornt, besonders ausdauernd zu sein?
- Wo fehlt es euch an Ausdauer?
- Was hat Ausdauer mit Geduld zu tun?

Disziplin, Konzentrationsfähigkeit, Motivation

Ausdauer

Wer baut den höchsten Turm?

Ziel: Freude an Ehrgeiz und Ausdauer entwickeln
Material: Bierdeckel oder Zuckerwürfel
Raum: ausreichend Platz für Kleingruppen
Zeit: 15 bis 20 Minuten

Durchführung: Die Jugendlichen bilden Kleingruppen bis max. fünf Personen. Sie haben die Aufgabe, in einem Zeitraum von fünf Minuten einen möglichst hohen Turm mit einer vorgegebenen Anzahl an Bierdeckeln oder Zuckerwürfeln zu bauen. Da Zeit- und Konkurrenzdruck herrscht, müssen sich die Gruppenmitglieder schnell organisieren und dürfen dabei nicht die Nerven verlieren.

Stühle kippen

Ziel: Ausdauer und Geduld erproben und trainieren, Frustrationstoleranz entwickeln
Raum: ausreichend Platz für einen Stuhlkreis
Zeit: 15 bis 20 Minuten

Durchführung: Alle stehen hinter ihrem Stuhl. Die Stühle sollten dicht nebeneinander stehen, ohne sich zu berühren. Nun drehen sich alle in eine Blickrichtung und jeweils eine Hand fasst die Stuhllehne. Die Stühle werden nach vorn auf die Vorderbeine gekippt. Die Stühle dürfen sich nicht verhaken. Einer wird auserwählt, das Kommando „1,2,3" zu geben. Bei „3" gehen alle einen Stuhl weiter und fassen die nächste Stuhllehne. Das Spiel ist dann erfolgreich beendet, wenn jeder wieder an seinem Stuhl angekommen ist und während des ganzen Durchgangs kein Stuhl umgekippt ist! Kippt ein Stuhl um, geht die ganze Gruppe wieder zur Ausgangssituation zurück. Übrigens lässt sich die Übung für Fortgeschrittene auch ohne Worte durchführen.

Anmerkung: Bei dieser Übung ist es ganz wichtig, sie so lange durchzuführen, bis sie funktioniert oder zumindest erkennbare Fortschritte zu beobachten sind. Ein Misserfolg sollte nicht unterschätzt werden und kann sich stark auf die Gruppendynamik und das individuelle als auch gemeinschaftliche Selbstwertgefühl auswirken. Es empfiehlt sich, diese Übung immer mal wieder zu trainieren. Bleiben Sie auch geduldig, wenn Jugendliche frustriert ihren Stuhl fallen lassen, meckern oder aufgeben wollen. Das gemeinsame „Durchstehen" und der anschließende Erfolg können ungemein aufbauend und stärkend wirken.

Ausdauer

Die ausdauernde Spinne

Geschichte der Spinne mit dem Winde

Wisse, o König! Eine Spinne setzte sich einst an einem hohen Mastbaum fest, baute sich dort ihr Haus, wohnte darin in voller Ruhe und dankte Gott für den sichern Zufluchtsort, den sie gefunden. Aber nach einiger Zeit wollte Gott ihre Geduld und Ausdauer prüfen; er ließ einen heftigen Sturm wehen, der sie samt ihrem Hause wegriss und auf das tobende Meer schleuderte. Aber bald trieben die Wellen sie wieder an's Land und sie dankte Gott für ihre Rettung; doch stellte sie den Wind zur Rede und sagte: „Warum hast du aus meiner Wohnung mich vertrieben, ist das von Gott erlaubt?" Der Wind antwortete: „O Spinne! weißt du nicht, dass diese Welt eine Wohnung des Unglücks ist? Wem hat je das Glück immer gelächelt? Weißt du nicht, dass Gott seine Geschöpfe versucht, um ihre Geduld zu prüfen? Was klagst du, da er dich aus dem furchtbaren Meer gerettet?" Die Spinne antwortete: „Du hast Recht, ich bin Gott Dank schuldig und ich vertraue ihm auch, er wird in diesem fremden Lande mein Führer sein und mich in meine Heimat zurückbringen." Hierauf versetzte der Wind: „Ich selbst hoffe mit dem nächsten Westwinde dich wieder mitzunehmen, weil du so dankbar und so gottergeben bist; vertraue nur auf Gott; wer ihm vertraut, dem kommt er entgegen, wer mit Geduld ausharrt, der erreicht das Ziel." Die Spinne betete nun mit noch mehr Hingebung zu Gott; Gott erhörte ihr Gebet und gebot einem sanften Winde, sie wieder in ihre Heimat zu tragen. [...].

— Quelle: August Lewald, Gustav Weil: Tausend und eine Nacht: Arabische Erzählungen. Zum Erstenmale aus dem arabischen Urtext treu übersetzt. Verlag der Classiker, 1841, S. 928 f.

Du hast gerade einen Auszug aus „Geschichte der Spinne mit dem Winde" gelesen. Das Märchen ist sehr alt und wurde aus dem Orient überliefert.

- **Warum ist die Spinne in dem Märchen ein gutes Beispiel für Ausdauer und Geduld?**
- **Kannst du das Gelesene auf deine Erfahrungen und dein Leben übertragen?**
- **Glaubst du, dass Ausdauer und Geduld sich immer lohnen, oder fallen dir Beispiele ein, wo sie sich negativ auswirken können?**

Ausdauer
Mein Trainingsplan

Im Folgenden erstellst du deinen persönlichen Trainingsplan, um in einem von dir gewählten Lebensbereich mehr Ausdauer und Geduld zu bekommen. Dies kann
- Familie,
- Freundschaften,
- Schulfächer,
- Lernzeiten,
- dein Verhalten in bestimmten Situationen oder
- den sportlichen Bereich betreffen.

Lasse diesen von einem Zeugen deiner Wahl unterschreiben!

Mein Ziel
In diesem Bereich möchte ich gern mehr Ausdauer und Geduld erlangen:

....

....

Woran merke ich, dass ich mehr Ausdauer und Geduld erlange?
Wie kann ich das messen?

....

....

....

Bis wann möchte ich dieses Ziel erreicht haben?

....

Wie erreiche ich das Ziel?

....

....

....

Ist mein gesetztes Ziel realistisch und will ich das wirklich?
Wenn nein, korrigiere dein Ziel noch mal!

....	....
Meine Unterschrift	Unterschrift Zeuge

Disziplin

Disziplin meint eine strenge Form der Selbstregulierung. Dabei werden Faktoren, die einen vom gesetzten Ziel abhalten, außen vorgehalten. Disziplin ist eine Tugend, die eine große Willenskraft oder auch Druck von außen voraussetzt. Dies ist z. B. im Leistungssport zu beobachten, aber auch beim Erlernen eines Musikinstrumentes. Im „normalen“ Alltag von Jugendlichen ist Disziplin weniger vorherrschend; gibt es doch genug Möglichkeiten der Zerstreuung und auch nicht immer die zwingende (oder zumindest einsehbare) Notwendigkeit. Um Disziplin „schmackhaft“ zu machen, greifen auch hier die Antriebsmotoren „Motivation und Wille“, die mit einer konkreten Zielsetzung Disziplin eine Sinnhaftigkeit zuschreiben. Disziplin verhilft uns, ein gesetztes Ziel zu erreichen und den Weg dorthin erfolgreich zu meistern. Denn eine Begabung allein reicht oft nicht aus, um erfolgreich zu sein.

Wenn erforderliche Disziplin nicht aus eigenem Willen erfolgt, so ist sie nah an dem, was Erziehung von Eltern und Pädagogen durch Maßregelung leistet.
Es ist sicherlich interessant, wie Jugendliche dies für sich einordnen und bewerten.

Folgende Fragestellungen können für einen Gesprächseinstieg hilfreich sein:

- Wofür ist Disziplin hilfreich und gut?
- Ist Disziplin für euch negativ oder positiv behaftet?
- Kann man auch ohne Disziplin erfolgreich werden?
- Wann benötigt man Disziplin?
- Wo fehlt es euch an Disziplin?
- Was braucht man, um diszipliniert zu sein?
- Was bedeutet es, sich zu disziplinieren?

Motivation, Eigenverantwortung

Disziplin

Lach doch mal!

Ziel: dem Impuls, zu lachen, nicht nachgeben, sich durch Willenskraft disziplinieren
Raum: ausreichend Platz für einen Stuhlkreis
Zeit: 10 bis 15 Minuten

Durchführung: Alle sitzen im Kreis. Einer wird gebeten, in die Mitte zu gehen und jemanden seiner Wahl zum Lachen zu bringen. Sobald er es geschafft hat, jemanden zum Lachen zu bringen, muss derjenige in die Mitte.

Reflexion: Was hat dich davon abgehalten, zu lachen? Was hast du gebraucht, um nicht zu lachen? Musstest du irgendwann doch lachen? Lässt sich diese Erfahrung auch auf andere Lebensbereiche übertragen?

Pro und Kontra-Diskussion: Disziplin durch Druck von außen

Ziel: ein Verständnis für die Notwendigkeit, die Chancen und Grenzen von Disziplin bekommen
Raum: ausreichend Platz für eine Diskussion
Zeit: 30 bis 45 Minuten

Durchführung: Teilen Sie die Jugendlichen in zwei Gruppen auf. Jede Gruppe hat nun zehn Minuten Zeit, Argumente für Disziplin

- ohne Druck von außen und
- mit Druck von außen

zu sammeln. Anschließend moderieren Sie die Diskussion. Sie können das Ganze auch wie eine Talkshow im Fernsehen gestalten, in der sich Abgesandte mit Argumenten ausgestattet ein Wortgefecht liefern.

Reflexion: Welches Fazit zieht ihr?

Anmerkung: Interessant wäre es auch noch, mit den Jugendlichen darüber zu diskutieren, ob es Grenzen von Disziplin gibt, z. B. die Gefahren von Mager- oder Sportsucht. Die Frage könnte lauten: Wann wird selbst erzeugte Disziplin zur Sucht?

Disziplin

Berühmt durch harte Arbeit

Es gibt viele bekannte und berühmte Persönlichkeiten, die nur durch Disziplin ihren Ruhm erreicht haben und erfolgreich sind.

Schreibe auf, welche du kennst, z. B. aus dem sportlichen, musikalischen oder anderen Bereichen.

Wie bewertest du das Leben dieser Personen?

....

....

....

Was findest du positiv?

....

....

....

Was findest du negativ?

....

....

....

Würdest du gern mit dieser Person tauschen?

....

....

....

Wie würde sich dann dein Leben ändern?

....

....

....

In welchen Bereichen könnte dir Disziplin zugutekommen?

....

....

....

Disziplin

Ist mein Wunsch auch mein Wille?

Einen bestimmten Wunsch trägst du vielleicht schon länger mit dir herum. Im Unterschied zum Wunsch ist der Wille etwas, für den Aktivität nötig ist und der auf ein Ziel hinsteuert.

Skizziere im Folgenden einen Wunsch, für dessen Erfüllung es dir bisher an Disziplin gefehlt hat. Stelle fest, wie wichtig dir die Umsetzung dieses Wunsches ist und ob du auch den festen Willen hast, dafür etwas zu tun.

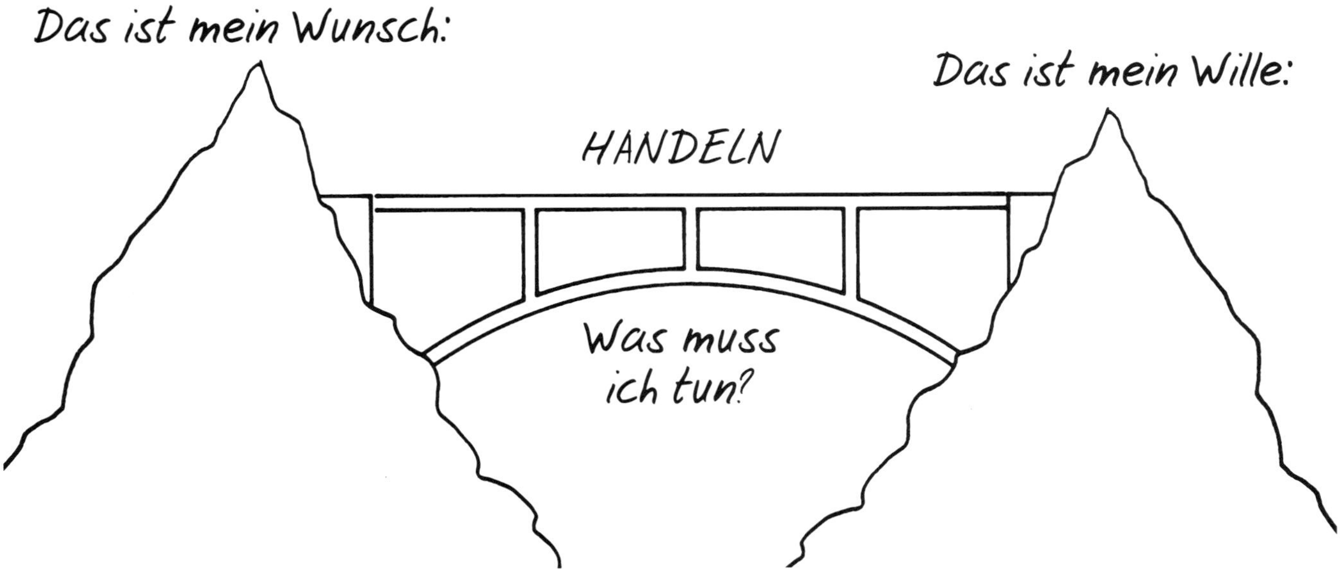

— in Anlehnung an Varga von Kibéd/Sparer, 2014

Was wäre, wenn dieser Wunsch in Erfüllung gehen würde? Beschreibe die Situation in kurzen Worten.

....

....

....

Was musst du tun, damit sich dein Wunsch erfüllt?

....

....

....

Überprüfe nun, ob du bereit bist, deinen Wunsch umzusetzen: Ist es auch dein Wille?

....

Eigenverantwortung

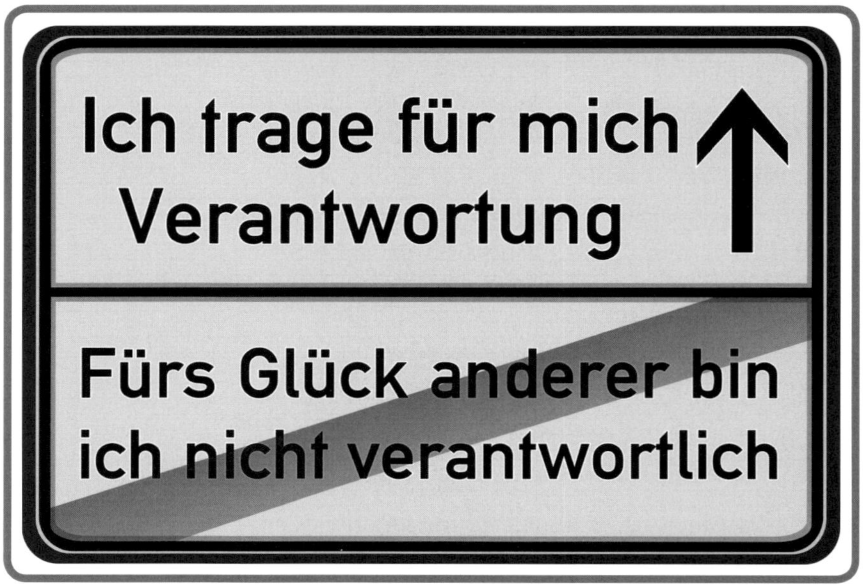

Eigenverantwortung bedeutet, Verantwortung für sich und sein eigenes Handeln zu übernehmen. Viele denken zunächst auch an die Verantwortung für andere – Eigenverantwortung meint jedoch in erster Linie den Selbstbezug. Der Autor Stephen R. Covey beschreibt dies in seinem Bestseller „Die 7 Wege zur Effektivität" als „proaktiv". Proaktiv bedeutet für ihn zunächst, nicht zu vergessen, dass auch unsere persönliche Sicht auf die Dinge und die Art und Weise, wie wir handeln, für unsere Entwicklung mitentscheidend sind. Bis zu einem gewissen Grad sind wir also selbstverantwortlich für unser Leben – egal wie starr die äußeren Einflussfaktoren auch sein mögen. Er fordert dazu auf, zu agieren, statt zu reagieren.

In unserer Gesellschaft und für die Jugendlichen erfordert dies oftmals ein Umdenken. Oft geben wir „den anderen" Schuld, wenn etwas nicht klappt. Damit man das eigene Leben proaktiv gestalten kann, kann es helfen, sich dieses als Vision zu vergegenwärtigen. Dann kann man aktiv werden und sein Leben selbst in die Hand nehmen.

Eigenverantwortung stellt im Kontext dieses Buches eine Kernschlüsselqualifikation dar, denn ohne Interesse an Eigenverantwortung lassen sich die anderen Schlüsselqualifikationen nicht tief greifend erfassen. Insofern eignet sich diese Qualifikation insbesondere dann, wenn Sie den Eindruck haben, dass sich den Jugendlichen die Sinnhaftigkeit der Bearbeitung der anderen Schlüsselqualifikationen nicht erschließt.

Folgende Fragestellungen können für einen Gesprächseinstieg hilfreich sein:

- Was bedeutet für euch Eigenverantwortung?
- Was ist der Unterschied zu Verantwortungsbewusstsein?
- Warum ist es wichtig, eigenverantwortlich zu handeln?
- Wer profitiert davon, wenn ihr eigenverantwortlich handelt?
- Was hat Eigenverantwortung mit demokratischem Handeln zu tun?
- Gibt es eurer Meinung nach Grenzen der Eigenverantwortung?

Disziplin, Motivation, Reflexionsfähigkeit, Selbstbewusstsein, Zuverlässigkeit

Eigenverantwortung

Standbilder formen

Ziel: spielerisch ein Standbild entwickeln und dieses nach eigenen Vorstellungen gestalten
Raum: ausreichend Platz für einen Stuhlkreis
Zeit: 10 bis 15 Minuten

Durchführung: Ein Jugendlicher geht in die Mitte des Stuhlkreises und stellt pantomimisch in einem Standbild statisch etwas dar, d. h., er erstarrt dabei wie eine Statue. Jemand anderes hat nun die Aufgabe, daran anzuknüpfen und das Bild zu erweitern. Zwei Leute bilden jetzt ein Standbild. Sobald jemand aus dem Sitzkreis eine weitere Idee hat, löst er den ersten durch ein Schulterklopfen ab und schlüpft in dessen Rolle. Er kann nun aktiv die Statue durch seine Haltung verändern.

Reflexion: Wie lässt sich diese Übung auf euer Leben übertragen? Was war notwendig, um beim Standbild mitzuwirken? Wie könnt ihr der „Gestalter" eures eigenen Lebens werden?
Anmerkung: Haben die Jugendlichen erstmal ihre Hemmungen verloren, bringt diese Übung großen Spaß!

Jeder ist seines Glückes Schmied

Ziel: Eigenverantwortlichkeit begreifen und diskutieren
Zeit: 20 bis 30 Minuten

Durchführung: Lesen Sie zunächst folgende Geschichte vor:
Philipp kommt mal wieder zu spät zum Unterricht und versäumt somit die Vorbereitung für die nächste Klassenarbeit. Sein Klassenlehrer ist sauer. Er sagt: „Wer zu spät kommt, den bestraft das Leben." Weil die Verspätungen nicht abreißen, lädt der Klassenlehrer Philipps Eltern zum Gespräch. Die sind entsetzt. Seine Mutter sagt enttäuscht: „Mach doch, was du willst; es ist ja dein Leben!". Sein Vater versucht, einzulenken: „Er ist doch noch jung. Er kann die Konsequenzen noch nicht absehen." Beim gemeinsamen Gespräch reden alle auf Philipp ein. Philipp ist davon sehr genervt. So ganz wohl fühlt er sich aber auch nicht in seiner Haut. Was ist, wenn der Lehrer und seine Eltern Recht haben? Bei der nächsten Klassenarbeit kann er nicht schon wieder abschreiben, das fällt langsam auf …

Reflexion: Kommt euch die Geschichte bekannt vor? Wie schätzt ihr die Situation ein? Was würde in diesem Fall eigenverantwortliches Handeln bedeuten? Wer könnte Philipp dabei unterstützen?

Eigenverantwortung

Ich werde erwachsen

Erwachsenwerden bedeutet, Verantwortung für sein eigenes Leben zu übernehmen. Damit ist insbesondere die Verantwortung für eigene Belange und weniger für die der anderen gemeint.

Welche Bereiche fallen dir ein, für die du später die Verantwortung haben wirst?

....

....

....

Erfüllen dich diese Gedanken mit Vorfreude oder Unbehagen?

....

....

....

In welchen Bereichen übernimmst du bereits heute Verantwortung für dich selbst?

....

....

....

In welchem Bereich könntest du dir mehr zutrauen?

....

....

....

**Hast du schon einmal den Begriff Selbstfürsorge gehört?
Was stellst du dir darunter vor?**

....

....

....

....

Hat Eigenverantwortung für dich etwas mit Selbstfürsorge zu tun?

....

....

....

Eigenverantwortung

Das ist mein Haus, darin kenne ich mich aus!

Was bedeutet es für dich momentan, ein glückliches und zufriedenes Leben zu führen? Was kannst du dafür tun? Welche Ressourcen stehen dir dafür zur Verfügung? Schreibe dies in dein Identitätshaus.

Das Fundament deines Hauses bilden deine Stärken, etwas, auf das du dich verlassen kannst. In den anderen Etagen deines Hauses kommen die Menschen vor, die dir Kraft geben und dich unterstützen, sowie deine Aufgaben und Tätigkeiten, denen du nachgehst. In einer weiteren Etage wohnen deine Werte und im Dach deine Erinnerungen.

Erinnerungen

Werte

Aufgaben und Tätigkeiten

Menschen

Stärken

— in Anlehnung an Richter, 2012

Empathie

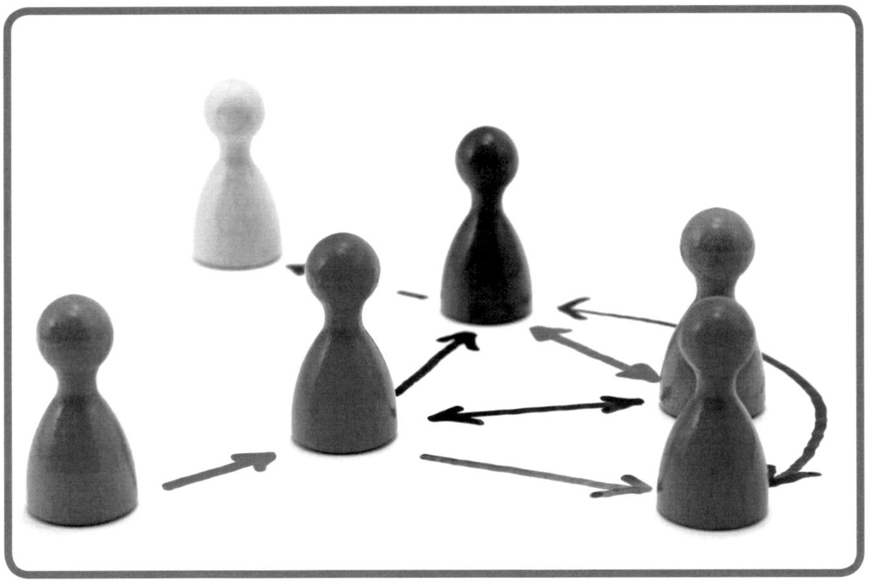

Empathie ist die Grundvoraussetzung für die Begegnung mit anderen, um Freundschaften zu pflegen, eine Partnerschaft zu führen, eine Familie zu gründen, im Team zu arbeiten, jemandem zuzuarbeiten oder Mitarbeiter zu führen. Sie ist nach Daniel Goleman wesentlicher Bestandteil der Emotionalen Intelligenz, die uns dazu befähigt, eigene und fremde Gefühle wahrzunehmen, zu verstehen und in letzter Instanz zu beeinflussen. Grundlage dessen ist unsere Selbstwahrnehmung, denn je besser wir uns selbst wahrnehmen können, desto besser können wir uns auch in andere einfühlen und sie verstehen. Empathie ist also die Fähigkeit, sich in die Gedanken, Gefühle und das Weltbild von anderen hineinzuversetzen und diese nicht nur aus der eigenen Perspektive zu betrachten.

Empathie ist eine Bereicherung in vielen Lebensbereichen. Ein empathischer Mensch ist in der Lage, Beziehungen aufzubauen und zu pflegen, sich selbst und andere zu motivieren und eine vertrauensvolle Atmosphäre zu schaffen. Empathie zu trainieren, ist auch deshalb so wichtig, weil man leicht in Gefahr gerät, seine oder die Gefühle anderer zu missachten, wenn es z. B. zum Erreichen eines Ziels besser erscheint. Jugendliche wissen oft, was von ihnen erwartet wird: Sie sollten aber auch in der Lage sein, ihre eigenen Gefühle und die ihrer Mitmenschen zu berücksichtigen.

Folgende Fragestellungen können für einen Gesprächseinstieg hilfreich sein:

- Was bedeutet der Begriff Empathie?
- Wieso ist es wichtig, sich in andere einfühlen zu können?
- Was würde es bedeuten, wenn das keiner mehr tun würde?
- Wieso ist es auch wichtig, seine eigenen Gefühle zu kennen?
- Verbindet ihr mit Empathie ein angenehmes oder unangenehmes Gefühl?

Achtsamkeit, Hilfsbereitschaft, Kommunikationsfähigkeit, Zuverlässigkeit

Empathie

Spiegeln

Ziel: Körpersprache und Mimik des anderen wahrnehmen, nachfühlen, wie es ist, gespiegelt zu werden
Raum: ausreichend Platz für die Partnerübung
Zeit: 10 bis 15 Minuten

Durchführung: Die Jugendlichen setzen sich in Paaren voreinander. Einer fängt an, durch Mimik und Gestik Gefühlslagen auszudrücken. Der andere macht diese nach, ohne sich jedoch darüber lustig zu machen. Nach einer Weile werden die Rollen getauscht.

Reflexion: Wie hat sich das angefühlt, gespiegelt zu werden? Konntet ihr als Zuschauer und Nachahmer die Gefühlslagen des anderen erfassen?

Aktives Zuhören

Ziel: zuhören lernen, sich in den anderen einfühlen
Raum: ausreichend Platz für Partnergespräche
Zeit: 15 bis 20 Minuten

Durchführung: Das aktive Zuhören geht noch einen Schritt weiter als das achtsame Zuhören, welches bei der Schlüsselqualifikation Achtsamkeit trainiert wurde. Aktives Zuhören bedeutet, mit der Aufmerksamkeit ganz bei dem anderen zu sein und ein Bewusstsein für sein Gegenüber zu bekommen. Auch hier erzählt einer dem anderen ca. drei Minuten etwas zu einem vorgegebenen Thema (Wie geht es dir? Wie sieht dein Tagesablauf ab? etc.). Anschließend hat der andere jedoch die zusätzliche Aufgabe, das Gehörte mit eigenen Worten wiederzugeben. Es gilt, zu überprüfen, ob das Gesagte auch richtig verstanden wurde. Korrekturen können natürlich vorgenommen werden. Ist eine Gesprächsrunde zu Ende, wechseln die Jugendlichen ihre Rollen.

Reflexion: Ist es euch schwergefallen, zuzuhören? Hat der Zuhörer alles richtig wiedergegeben? Wie könnt ihr das Erlebte auf eure alltäglichen Gespräche übertragen? Macht es Sinn, dem anderen aktiv zuzuhören?

Empathie

Eine Party aus verschiedenen Blickwinkeln

Diese Situation kennst du sicherlich: Vanessa möchte auf eine Party gehen.
Sie fragt beim Abendbrottisch, ob sie ausnahmsweise etwas länger bleiben darf.

Der Vater sagt: *„Frag deine Mutter."*
Die Mutter sagt: *„Nein, das ist viel zu gefährlich."*
Der große Bruder sagt: *„Dafür bist du noch zu klein."*
Die große Schwester sagt: *„Ich durfte das auch noch nicht in deinem Alter."*
Die Oma sagt: *„Ach, lasst das Kind doch gehen."*
Vanessa sagt: *„Lea darf aber auch!"*

Fühle dich nun in jede Person ein und schildere aus deren Sicht die jeweilige Gefühlslage:

Vater

großer Bruder

Mutter

große Schwester

Vanessa

Oma

© Verlag an der Ruhr | Autorin: Antonia Klein | ISBN 978-3-8346-2780-3 | www.verlagruhr.de

Empathie

Pathetisches Stummfilm-Theater

Suche dir zwei Gesprächspartner und besprecht folgende Fragen:

- Wieso ist Empathie wichtig?
- Welche Bedeutung hat Empathie für dein späteres Berufsleben?
- Welche Bedeutung hat Empathie für dein Zusammenleben mit anderen?
- Wie wäre eine Welt ohne Empathie?
- Wie lebt es sich in einer empathischen Welt?
- Wie würden sich beide Welten unterscheiden?

Anschließend stellt ihr eure Ergebnisse in Form eines kleinen Theaterstücks vor. Gern mit viel Pathos! Denn: Es darf nicht gesprochen werden! Das Ganze soll wie ein Stummfilm wirken.
Empathie und Pathos sind Begriffe aus dem Griechischen und werden beide von „empatheia" („leiden, fühlen") abgeleitet. Empathie bedeutet Einfühlungsvermögen und Pathos Leidenschaft. Es darf also gern ein wenig übertrieben werden. Vorhang auf!

Entscheidungskompetenz

Entscheidungskompetenz ist die Fähigkeit, sich in einer vorgegebenen Zeitspanne zwischen verschiedenen Möglichkeiten zu entscheiden. Dieses ist in einer globalisierten Gesellschaft mitunter überlebenswichtig, da wir sonst schnell die Orientierung und damit unsere Handlungsfähigkeit verlieren.
Wenn wir unsere Entscheidungskompetenz trainieren, sind wir zunehmend in der Lage, proaktiv zu handeln und eigenverantwortlich unser Leben zu gestalten. Dies ruft Zufriedenheit hervor und gibt uns das Gefühl, die Belange unseres Lebens selbstbestimmt gestalten zu können und ihnen nicht hilflos ausgeliefert zu sein. Sich für etwas zu entscheiden, bedeutet aber auch, sich gegen etwas zu entscheiden und für seine Entscheidung die Konsequenzen zu tragen.
Für Jugendliche bedeutet es zunächst, kleine Entscheidungen zu übernehmen und mit zunehmendem Alter auch wichtige Entscheidungen zu treffen, welche zuvor die Eltern für sie getroffen haben. Es kann also nicht schaden, frühzeitig die Kompetenz, Entscheidungen zu fällen, zu trainieren.

Folgende Fragestellungen können für einen Gesprächseinstieg hilfreich sein:

- Fällt es euch leicht, Entscheidungen zu treffen?
- Welche Entscheidungen müsst ihr treffen? Welche fallen euch leicht, welche nicht?
- Gibt es Entscheidungen, die ihr noch nicht allein treffen möchtet? Warum?
- Habt ihr schon einmal eine Entscheidung bereut?

Eigenverantwortung, Flexibilität, Konfliktfähigkeit, Problemlösekompetenz

Entscheidungskompetenz

Wofür entscheidest du dich?

Ziel: spontan Entscheidungen als Einzelperson und in der Gruppe treffen
Raum: ausreichend Platz, um zwei Bereiche abzutrennen
Zeit: jeweils 15 bis 20 Minuten

Vorbereitung: Trennen Sie im Vorfeld zwei Spielfelder ab. Die Spielfelder sollten jeweils ausreichend Platz für Ihre Gruppe bieten. Sie können draußen einfach einen Strich mit Kreide ziehen, drinnen eine Trennlinie mit Kreppband kleben oder ein Seil auf den Boden legen. Denken Sie sich für das erste Spiel max. 15 Entscheidungsfragen aus, die zu den Jugendlichen passen. Das fängt bei ganz einfachen Fragen an, wie „Rot oder blau?", „Pommes oder Pizza?", über „Ausschlafen oder einen coolen Ausflug machen?" bis hin zu „Was ist später wichtiger: Familie oder Karriere?", „Ein eigenes Haus oder öfter in den Urlaub fahren?".

Durchführung: Bitten Sie die Jugendlichen, sich vor das zweigeteilte Spielfeld zu stellen. Lesen Sie nun die erste Frage vor und zeigen Sie dabei auf das jeweilige Feld. Jeder einzelne muss nun spontan entscheiden und sich dem zugewiesenen Spielfeld zuordnen. Die Fragen sollten in Ruhe gestellt werden, aber so schnell, dass die Jugendlichen nicht lange überlegen können. Zwischendurch können Sie auch mal mehr Zeit zum Überlegen geben. Kündigen Sie dieses vorher an.

Reflexion: Ist es euch schwergefallen, euch zu entscheiden? Was war einfacher: die schnellen oder langsamen Entscheidungen? Was braucht man, um sich schnell entscheiden zu können?

Oma, Jäger, Löwe

Ziel: nach kurzer Beratungszeit Entscheidungen in der Gruppe treffen, Einflussnahme durch Entscheidungen herbeiführen
Raum: ausreichend Platz, damit die zwei Gruppen sich gegenüberstehen können
Zeit: jeweils 5 bis 10 Minuten

Durchführung: Das Spiel funktioniert nach dem Prinzip „Schnick, Schnack, Schnuck". Zunächst teilen Sie zwei gleich starke Gruppen ein. Auf Ihr Kommando „1, 2, 3, los" treten die Gruppen an die Mittelinie und zeigen eine Figur, für die sie sich im Vorfeld in einer gemeinsamen Beratung entschieden haben. Folgende Kombinationen sind möglich:

- Oma schlägt Jäger,
- Jäger schießt Löwe tot,
- Löwe frisst Oma.

Der Löwe kennzeichnet sich durch lautes Gebrüll und erhobene „Krallen". Die Oma trägt einen imaginären wackelnden Krückstock und der Jäger ein imaginäres Gewehr, welches mit einem lauten „Peng" begleitet wird. Nach ca. sechs Runden wird ein Sieger feststehen und Sie können eine Revanche starten. Der Spielablauf folgt dem Muster: Beratung in den Gruppen, Match an der Mittellinie und erneute Beratung bei neuer Runde.

Anmerkung: Dieses Spiel macht große Freude, da es Strategie und Überraschung verbindet.

Reflexion: Kennt ihr das, wenn eine getroffene Entscheidung eine überraschende Konsequenz nach sich zieht? Wie lässt sich das auf euren Alltag übertragen? Welche Schlussfolgerungen zieht ihr daraus?

Entscheidungskompetenz

Mein innerer Konflikt

Ein innerer Konflikt ist eine Auseinandersetzung mit zwei oder mehreren Standpunkten in einem selbst. Man kann sich einfach nicht entscheiden und quält sich damit, dass man nicht weiß, was richtig ist, und wenn man sich entschieden hat, ob man es hinterher nicht vielleicht bereuen würde.

Vielleicht kennst du das: Du stehst vor einer Entscheidung und auf einmal hast du viele Stimmen in deinem Kopf. Die Stimmen repräsentieren unterschiedliche Meinungen. Es gibt vernünftige, unvernünftige, ermahnende, aufbrausende und beschwichtigende Stimmen. Manchmal wünschen wir uns etwas so sehr, aber eine Stimme in unserem Kopf sagt: „Nein, das ist unvernünftig".

Denke dir ein Beispiel für eine Entscheidung aus, schreibe dieses auf die unten stehende Linie und trage in die Denkblasen jeweils eine unterschiedliche Stimme ein:

....

Entscheidungskompetenz

Ich entscheide mich: Das Tetralemma

Bearbeite einen aktuellen Konflikt aus deinem Leben.
Vielleicht kannst du dich nicht entscheiden, welchen Beruf du ausüben möchtest oder, ganz aktuell, ob du heute Nachmittag ins Schwimmbad oder zu Freunden fahren sollst. Schreibe nun die Vor- und Nachteile auf und was es bedeuten würde, wenn du das eine oder das andere machen würdest, was es für Alternativen gibt und ob es vielleicht noch etwas gibt, an das du noch gar nicht gedacht hast. Fühle genau nach, wie sich das anfühlt.

Wenn ich mich für das eine entscheide:

Wenn ich mich für das andere entscheide:

Wenn ich mich für keins von beiden entscheide:

Wenn ich mich für beides entscheide:

Wenn ich mich für nichts von alledem entscheide, sondern für etwas ganz anderes:

....

....

....

— in Anlehnung an Varga von Kibéd/Sparer, 2014

Entspannungskompetenz

Entspannung ist wichtiger und sollte fester Bestandteil des Alltags sein. Auch Jugendliche sollten Entspannung bewusst in ihren Tag integrieren, denn zwischen Schule, Freizeitaktivitäten, ggf. einem Nebenjob und der Familie bleibt oft wenig Raum für Auszeiten. Mit Entspannung verbinden die meisten Menschen ruhige Entspannungsmethoden, wie autogenes Training oder angeleitete Traumreisen. Entspannung ist jedoch umfassender und vielschichtiger als man auf den ersten Blick vermutet. Dies wird deutlich, wenn man sich ein paar Entspannungsmethoden einmal näher anschaut und miteinander vergleicht. Bei der Progressiven Muskelentspannung spannt man zunächst die Muskeln an, um dann die Anspannung wieder zu lösen. Bei der Eutonie arbeitet man u. a. mit suggestiven Verfahren, beim Yoga mit Dehnung, bei der Feldenkrais-Methode mit kinästhetischer Selbstwahrnehmung, bei der Atemtherapie über den erfahrbaren Atem. Diese Aufzählung hat keinen Anspruch auf Vollständigkeit, sondern soll verdeutlichen, wie unterschiedlich selbst herkömmliche Entspannungsmethoden agieren. Das Gleiche gilt für die Entspannung unabhängig von erlernbaren Techniken und Methoden. Wir können uns beim Musikhören oder Autofahren entspannen, Sport treiben, aber auch das Ausüben eines Hobbys oder einfach nur Ausruhen können dafür sorgen, dass wir uns entspannen. In diesem Zusammenhang stellt sich auch die Frage nach der Bewertung von Entspannungsmethoden: Ist es wirklich entspannend, wenn wir vor dem Fernseher sitzen? Hier gilt es, wie so oft, das richtige Maß zu finden. Auch Joggen kann im Übermaß zu einer Sucht führen und damit einen gegenteiligen Effekt haben. Das Ergebnis sollte sein, Entspannung zu definieren und gestalten zu können und nicht erst dann ins Bewusstsein zu holen, wenn sich Stresssymptome psychisch und physisch bemerkbar machen.

Folgende Fragestellungen können für einen Gesprächseinstieg hilfreich sein:

- Was verbindet ihr mit Entspannung?
- Wieso ist Entspannung wichtig?
- Was ist das Gegenteil von Entspannung?
- Kann man sich auch unter Anspannung entspannen?
- Wie entspannt ihr?
- Woran merkt ihr, dass ihr entspannt seid?

Achtsamkeit, Stressmanagement, Zeitmanagement

Entspannungskompetenz

So fühlt sich Anspannung an

Ziel: Anspannung und Entspannung im Körper spüren, loslassen
Raum: ausreichend Platz, um sich bewegen und in einem Kreis aufstellen zu können
Zeit: 15 bis 20 Minuten

Durchführung: Alle stehen im Raum und strecken nach Ihrer Anleitung die Arme nach oben. Dann beginnen alle, im hohen Tempo durch den Raum zu laufen. Die Arme bleiben oben und werden auf Spannung gehalten! Während des Laufens fordern Sie die Jugendlichen dazu auf, Beispiele für einen stressigen Morgenbeginn/Tag in den Raum zu rufen, z. B. „Wecker nicht gehört“, „Bus verpasst“, „keine Hausaufgaben gemacht“, „Sportsachen vergessen“, „Streit mit der Mutter“, „kein Frühstück“ etc. Nach einer Weile bleiben alle im Kreis stehen, die Arme sind immer noch nach oben gestreckt und dürfen nicht zwischendurch runtergenommen werden! Nun zählen Sie langsam von zehn auf null runter. Bei null dürfen sich alle nach vorn fallen lassen und die Arme baumeln lassen. Erfahrungsgemäß fühlen sich nun die Schultern wie nach einem langen Schultag an, wenn man zu Hause die Tasche abstellt.

Anmerkung: Diese Übung muss stringent angeleitet werden, sonst entfaltet sie nicht ihre volle Wirkung!

Abklopfen, Erden, Atmen

Ziel: sich spüren, erden und entspannen
Raum: ausreichend Platz für einen Kreis
Zeit: 10 bis 15 Minuten

Durchführung: Alle stehen im Kreis. Nun beginnen alle, mit beiden Händen das rechte Bein, angefangen am Fuß, innen und außen abzuklopfen. Sie wandern über die Fußknöchel, über die Waden, über die Knie, die Oberschenkel bis hin zu den Hüften und zum Gesäß nach oben. Haben alle das rechte Bein abgeklopft, beginnen sie ein zweites Mal wieder mit dem rechten Bein. Danach bleiben die Jugendlichen einen Moment stehen und fühlen nach, ob sich der rechte Fuß anders anfühlt als der linke. Viele stellen fest, dass sie einen besseren Stand haben und der rechte Fuß sich wie ein „Plattfuß“ anfühlt. Nun klopfen sie auch das linke Bein 2-mal ab. Abschließend bleiben alle stehen und fühlen nach. Bitten Sie die Jugendlichen nun, beide Hände auf den Bauch zu legen und ein- und auszuatmen. Auf Wunsch können auch die Augen geschlossen werden. Lenken Sie die Aufmerksamkeit auf die Bauchdecke. Beim Einatmen sollte sie sich heben und beim Ausatmen senken. Viele atmen falsch, da sie unter Anspannung den Bauch ein- und die Schultern nach oben ziehen. Nach einer Weile beenden Sie die Übung, indem alle die Augen wieder öffnen und ihre Arme und Beine bewegen und schütteln.

Entspannungskompetenz

Wie kann ich mich entspannen

Mit Entspannung verbinden die meisten, dass man wie eine Katze alle viere von sich streckt. Entspannung funktioniert aber auch über Anspannung und anschließendes Loslassen.

Schreibe auf, was dir an Beispielen einfällt:

Entspannung über An-spannung:

....

....

....

Entspannung über Ent-spannung:

....

....

....

Grenzlinien finden

Um eine Entspannung einzuleiten, hat es sich bewährt, Zeiterleben bewusst zu trennen. Für dich bedeutet das, zwischen Schul- und Erholungszeit Grenzlinien zu finden.

Suche zu den vier vorgegebenen Trennungen Beispiele, wie dir das gelingen kann:

1. räumliche Trennung

....

....

2. rituelle Trennung

....

....

3. zeitliche Trennung

....

....

4. gedankliche Trennung

....

....

Entspannungskompetenz

Meine Entspannungsinsel

Male im Folgenden deine ganz persönliche Entspannungsinsel und/oder fülle sie mit Worten.
Bei welcher Tätigkeit, an welchem Ort oder mit welchen Menschen entspannst du dich am besten? Heb deine Entspannungsinsel gut auf. Sie ist dein persönlicher Schatz, denn wenn du dich entspannst, sorgst du gut für dich.

Jetzt weißt du, wie deine Entspannungsinsel aussieht. Es gibt übrigens einen Trick, wie du ganz schnell dort hingelangen kannst, wenn du dich entspannen möchtest. Du kannst ihn überall machen: Lege die Fingerkuppen deines rechten Mittelfingers und deines Daumen aufeinander (bei Linkshändern bitte anders herum) und übe leichten Druck aus. Schließe nun die Augen und denke an deine Entspannungsinsel. Nach einiger Zeit öffnest du die Augen. Jedes Mal, wenn du nun diese Handbewegung machst, bist du auf deiner Entspannungsinsel.

Flexibilität

Flexibilität wird heutzutage von vielen Arbeitgebern erwartet und fängt oft schon bei der Ausbildungsplatzsuche an. Wird der gewünschte Ausbildungsplatz nicht vor Ort angeboten, ist ein Umzug ein Ausdruck von Flexibilität. Diese erfordert jedoch eine Offenheit, Situationen neu und anders zu begegnen. Stehen dem Engstirnigkeit oder gar Angst entgegen, verbauen sich Jugendliche ggf. eine Chance für ihre Zukunft.
Flexibilität bedeutet auch, kreativ zu sein und aus sich selbst heraus handlungskompetent zu agieren. Wie flexibel jemand ist, zeigt sich dann, wenn es „ernst" wird. Entscheidend ist dabei, wie der jeweilige Mensch veranlagt ist und wie das Elternhaus mit Veränderungen umgeht und wie diese bewertet werden. Grundsätzlich versuchen wir, an Strukturen und Situationen festzuhalten, denn: Der Mensch ist ein Gewohnheitstier. Manchmal bleibt uns jedoch nichts anderes übrig und wir sind gezwungen, uns auf neue Umstände einzustellen. Dies bedeutet dann, das Alte loszulassen, gewohnte Gefilde zu verlassen und neue Situationen aktiv zu gestalten. Sich auf neue Umstände einzustellen, kann uns immer wieder im Leben passieren, sei es im Berufsleben, in der Partnerschaft oder ausgelöst durch Krankheit und Schicksalsschläge.
Auf einige Veränderungen kann man sich vorbereiten, andere kommen plötzlich und unerwartet. Flexibilität hat viel mit unserer Haltung zu tun, die mitbestimmt, ob wir die Veränderungen annehmen und Ja zum Kurswechsel sagen können.

Folgende Fragestellungen können für einen Gesprächseinstieg hilfreich sein:

- Wann müsst ihr flexibel sein?
- Was bedeutet für euch Flexibilität?
- Kann Flexibilität Angst machen?
- Wann macht Flexibilität Spaß?
- Wieso erwarten Arbeitgeber Flexibilität?

Entscheidungskompetenz, Konfliktfähigkeit, Kreativität, Motivation, Problemlösekompetenz

Flexibilität

Toaster, Elefant, Palme

Ziel: schnell „umschalten" können
Raum: ausreichend Platz für einen Kreis
Zeit: 10 bis 15 Minuten

Durchführung: Alle stehen im Kreis. Ein Jugendlicher steht in der Mitte. Dieser zeigt nun auf eine Person und sagt eine der genannten Figuren (s. u.). Die Person, auf die gezeigt wurde, muss daraufhin die Aufgabe erfüllen, bei „Toast" also etwa wie ein Toast im Toaster springen. Gleichzeitig müssen aber auch die beiden Nachbarn links und rechts von ihm etwas zur Aufgabe beitragen, also in diesem Fall den Toast mit den Armen umschließen und so den Toaster darstellen. Derjenige der drei Personen, der seine Figur als Letztes einnimmt oder einen Fehler begeht, „darf" als Nächster im Kreis stehen und die nächste Figur bestimmen.

Folgende Figuren können verwendet werden:

- **Toaster:** Person in der Mitte springt wie ein Toast, die Spieler links und rechts umfassen ihn mit den Armen und stellen den Toaster dar.
- **James Bond:** Die Person in der Mitte stellt sich in eine James-Bond-Pose, die Spieler links und rechts imitieren die Bondgirls.
- **Elefant:** Der Spieler in der Mitte formt mit seinen Armen einen Rüssel, die Spieler links und rechts die Ohren des Elefanten.
- **Mixer:** Die Person in der Mitte streckt seine Hände nach links und rechts und die beiden benachbarten Spieler drehen sich um die eigene Achse.
- **Kuh:** Der Mittlere faltet die Hände und dreht diese mit den ausgestreckten Daumen nach unten, sodass ein „Euter" entsteht. Die beiden äußeren müssen nun melken.
- **Affe:** Der Mittlere hält sich den Mund zu, der Rechte die Ohren zu, der Linke die Augen zu.
- **Palme:** Der Mittlere hält beide Arme nach oben wie Palmenblätter, die Äußeren tanzen Aloha.
- **kotzendes Känguru:** Die mittlere Person bildet mit den Armen einen Kreis (Beutel), die Personen rechts und links kotzen mit entsprechenden Geräuschen rein.
- **Aufzug:** Die mittlere Person steht vor den beiden anderen Personen. Diese treten zur Seite (Aufzug öffnet sich), die mittlere Person tritt hinter die beiden (geht in den Aufzug rein). Danach gehen die beiden äußeren Personen wieder zusammen (der Aufzug schließt sich). Die mittlere Person drückt auf einen Knopf. Die Äußeren schnellen in die Hocke (der Aufzug fährt nach oben).

Reflexion: Hat euch das Spiel genervt und gestresst oder erfreut und herausgefordert?

Flexibilität

So flexibel bin ich

Zeige, wie flexibel du bist, und ergänze folgende Sätze:

Wenn ich meine Lieblingsjeans beim Shoppen nicht finde, dann ...

Eigentlich wollte ich ins Kino gehen, aber ich kann es mir nicht leisten. Stattdessen ...

Mein Unterricht ist ausgefallen. Wir sollen uns beschäftigen. Ich mache ...

Ein geplantes Picknick fällt aus. Es regnet. Ich werde ...

Ich habe meinen Bus nach Hause verpasst. Die Wartezeit bis zum nächsten vertreibe ich mir ...

Schreibe nun drei Beispiele aus deinem Leben auf.
Wie hoch schätzt du auf einer Skala von 0 bis 10 deine Flexibilität in diesen Situationen ein?

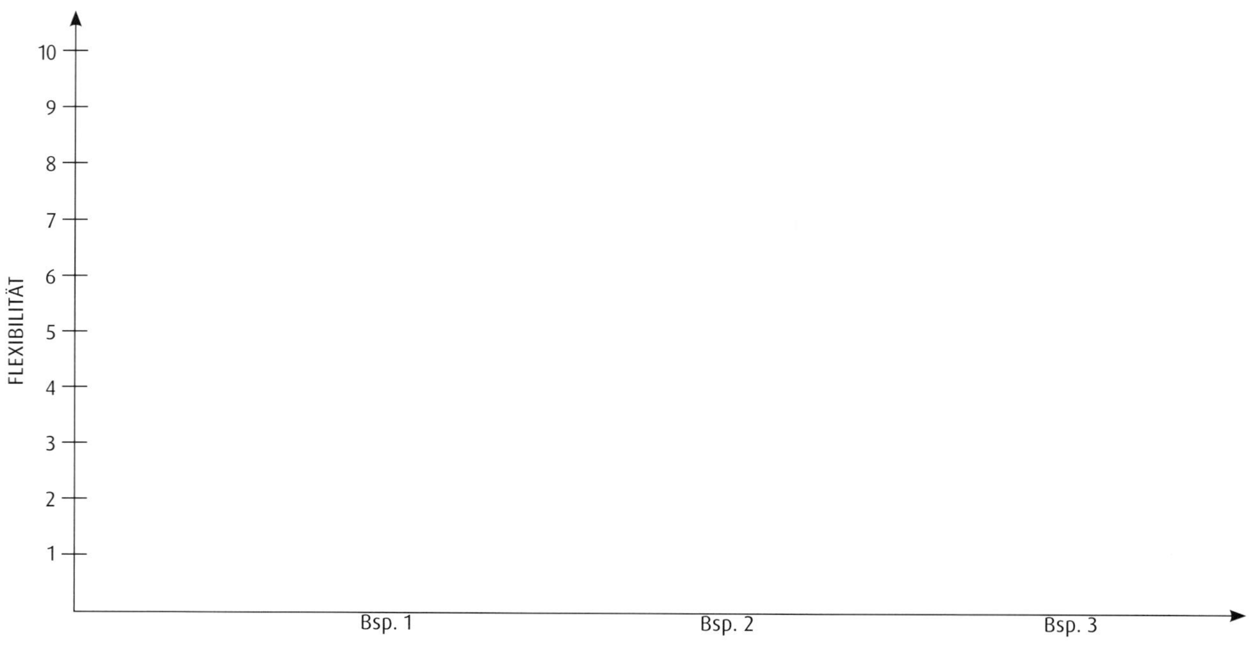

Flexibilität

Flexibilität und Stabilität

Schreibe um die Gummibänder herum, in welchen Bereichen deines Lebens du flexibel sein musst:

Wo sind deiner Meinung nach die Grenzen von Flexibilität?
Was sollte in deinem Leben stabil bleiben?
In welchem Fall wärst du nicht bereit, dich auf neue Umstände einzustellen?

....

....

....

....

....

....

....

....

Hilfsbereitschaft

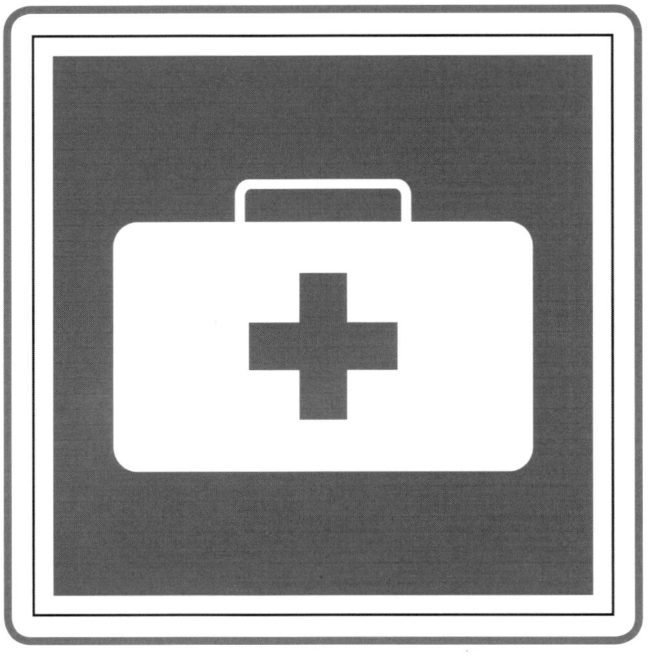

Anderen Menschen zu helfen, ist leider keine Selbstverständlichkeit. Mit Hilfsbereitschaft verbinden wir Szenen, in denen wir einer alten Dame über die Straße helfen, einen Angehörigen pflegen oder, im größeren Format, Mutter Teresas Lebenswerk. Helfen bedeutet, etwas von sich zu geben und sich selbst zurückzustellen. Wie weit sich jeder Einzelne zurückstellen mag, obliegt der persönlichen Einstellung und den Ressourcen, die man zur Verfügung hat. In einer Zeit knapper Ressourcen und zunehmender Professionalisierung wird unentgeltliche Hilfe daher zu einem kostbaren Gut.

Etabliert und bewährt hat sich der Gedanke der Hilfe zur Selbsthilfe. Dieser Ansatz beugt unnötige Abhängigkeitsstrukturen vor und trägt zur Entlastung des Helfenden und zur Stärkung des Hilfebedürftigen bei. Solche Hilfestrukturen finden sich sowohl in organisierter Form als entgeltliche oder ehrenamtliche Leistung wieder.

Helfen ist letztendlich Ausdruck eines sozialen Miteinanders, des Füreinander-da-Seins. Eine positi-ve Resonanz für Hilfe zu bekommen, ist eine wundervolle Erfahrung, die Jugendlichen nicht vorenthalten werden sollte.

Folgende Fragestellungen können für einen Gesprächseinstieg hilfreich sein:

- Spielt es für euch eine wichtige Rolle, anderen zu helfen?
- Gibt es jemanden von euch, der einem anderen regelmäßig hilft?
- Was können Hilfen sein?
- Könntet ihr selbst Hilfe gebrauchen? Wobei?
- Fällt es euch schwer, nach Hilfe zu fragen oder Hilfe anzunehmen?
- Sollte Hilfe immer kostenlos sein?

Achtsamkeit, Teamfähigkeit

Hilfsbereitschaft

Ich reiche dir meine Hand

Ziel: das Gefühl thematisieren, um Hilfe zu bitten, diese anzunehmen und zu geben
Raum: ausreichend Platz für Kleingruppenarbeit und Rollenspiele
Zeit: 30 bis 60 Minuten (je nach Gruppengröße)

Durchführung: Bilden Sie Kleingruppen. Jede Gruppe hat nun die Aufgabe, sich eine Situation zu überlegen, in der es um Hilfenehmen und -geben geht. Was sind das für Situationen, in denen Menschen Hilfe benötigen? Wann bietet man seine Hilfe an und wie geht man damit um, wenn der andere gar nicht um Hilfe gebeten hat, wir jedoch den Eindruck haben, dass er Hilfe benötigt? Diese Fragestellungen sollen in kleinen Rollenspielen behandelt werden und anschließend zur Diskussion stehen. Pro Rollenspiel sollten drei bis fünf Minuten für die Durchführung und ca. fünf bis sieben Minuten für die Nachbesprechung eingeplant werden.

Reflexion: Wie hat es sich angefühlt, Hilfe entgegenzunehmen? Wie war es für denjenigen, der Hilfe gegeben hat?

Mein heimlicher Kumpel

Ziel: sich gegenseitig helfen und Freude daran entwickeln
Material: kleine Zettel, eine „Lostrommel"
Zeit: nicht länger als 2 bis 3 Wochen

Durchführung: Alle schreiben ihren Namen auf einen kleinen Zettel. Diese werden nun gut durchmischt und jeder zieht jetzt einen Zettel. Wenn der eigene Name gezogen wird, wandert der Zettel wieder zurück und wird getauscht. Jeder Jugendliche ist der heimliche Kumpel desjenigen, der auf dem Zettel steht. Er hat die Aufgabe, diesen aufmerksam zu beobachten und ihm unbemerkt zu helfen, z. B. die Tür aufhalten, Sachen tragen, eine Aufgabe übernehmen oder mit einem Butterbrot aushelfen. Den Zeitraum legen Sie fest. Ist dieser Zeitraum vorbei, darf jeder einen Tipp abgeben, wer sein heimlicher Kumpel gewesen sein könnte.

Anmerkung: Dies ist ein Spiel, das in der Regel großen Spaß macht und sich positiv auf das Gruppenklima auswirkt!

Hilfsbereitschaft

Hilfe geben und nehmen

Überlege einmal, in welchen Lebensbereichen du Hilfe gebrauchen könntest:

Würde es dir schwerfallen, hier Hilfe anzunehmen? Warum? Warum nicht?

Wer könnte dir helfen?

Kennst du das Märchen „Sterntaler“, in dem ein Mädchen sein letztes Hemd gibt, um anderen zu helfen, und hinterher mit einem Goldregen belohnt wird? Das Mädchen hilft selbstlos, ohne an sich zu denken.

Wie findest du das? Siehst du dabei auch Gefahren?

Was sind deine „Goldtaler“, wenn du jemandem hilfst? Schreibe in die Taler, was du bekommst, wenn du jemandem hilfst.

Hilfsbereitschaft

Ich möchte anderen helfen

Überlege dir einen Bereich, in welchem du Hilfe anbieten möchtest.
Das kann Unterstützung bei der Gartenarbeit, Hunde ausführen, Babysitten, Einkäufe erledigen oder auch einfach nur im Haushalt helfen sein.

Schreibe dein Hilfsangebot auf einen Zettel und pinne diesen an die dafür vorgesehene Pinnwand in eurem Gruppenraum oder Klassenzimmer. Es können auch durchaus Angebote sein, die nicht unmittelbar die Anwesenden betreffen. Vielleicht kennt ja jemand eine Person, die deine Hilfe gebrauchen könnte.

Mein Hilfsangebot soll sein:

Bei den Pfadfindern gibt es das sogenannte „Pfadfinderversprechen". Es beinhaltet unter anderem, anderen Menschen jederzeit zu helfen. Daher stammt auch der Spruch, jeden Tag eine gute Tat zu tun. **Überlege dir eine gute Tat, welche du noch heute durchführen möchtest. Vielleicht ergibt sich diese auch, wenn du später nach Hause gehst.**

Meine gute Tat soll sein:

Berichte rückblickend davon.
Wie hat es sich angefühlt, jemandem zu helfen?
Wie wurde dein Hilfsangebot angenommen?

....

....

....

© Verlag an der Ruhr | Autorin: Antonia Klein | ISBN 978-3-8346-2780-3 | www.verlagruhr.de

Höflichkeit

Höflichkeit ist ein wunderbares Mittel, um Menschen miteinander in Kontakt zu bringen, Begegnungen zu gestalten und die Kommunikation verbal und nonverbal positiv zu beeinflussen. Durch einen höflichen Umgang miteinander kann man seinem Gegenüber respektvoll begegnen. Jede Kultur hat unterschiedliche Normen, die den höflichen Umgang miteinander regeln. In den meisten westlichen Gesellschaften gilt es z. B. als unhöflich, den anderen durch unangenehme Gesprächsthemen womöglich in eine peinliche Situation zu bringen.
Höflichkeit ist unabdingbar für die Phase des Kennenlernens, denn sie schafft eine Basis des Miteinanders, die allen Beteiligten ein Gefühl von Sicherheit und Wohlbefinden vermittelt.
In der heutigen Zeit wird der Verlust der Höflichkeit beklagt – und von vielen wird sie als überholt und gezwungen angesehen. Viele ältere Menschen beklagen, dass „die Jugend von heute“ keine höflichen Umgangsformen mehr besitzt. Dies kann zum Anlass genommen werden, mit den Jugendlichen über ihr Verständnis von Höflichkeit ins Gespräch zu kommen.
Ein Nachfahre von Adolph Knigge, dessen Werk „Über den Umgang mit Menschen“ heute schlicht als „Knigge“ bekannt ist, Moritz Freiherr von Knigge, macht den Vorschlag, Höflichkeit nicht mit Regelhaftigkeit gleichzusetzen. Er plädiert dafür, sie als Vereinbarung zu betrachten, was im Umgang miteinander als liebenswürdig und respektvoll gilt, und die Mitmenschen nicht den unterschiedlichen Launen auszusetzen. Höflichkeit soll vielmehr als eine gemeinsame Sprache betrachtet werden, die sozial und kulturell übergreifend von allen Menschen gelebt und verstanden wird. Was für eine schöne Voraussetzung, um sich dieser Schlüsselqualifikation zu nähern!

Folgende Fragestellungen können für einen Gesprächseinstieg hilfreich sein:

- Was verbindet ihr mit Höflichkeit? Was sind Gesten der Höflichkeit?
- Kennt ihr jemanden, den ihr besonders höflich findet? Warum?
- Ist Höflichkeit altmodisch?
- Welchen Nutzen könnte Höflichkeit haben?
- Was unterscheidet Höflichkeit und Freundlichkeit?
- Seid ihr auch mal unhöflich?
- Wie fühlt ihr euch, wenn jemand unhöflich zu euch ist?

Kommunikationsfähigkeit, Wertschätzung

Höflichkeit

Höfliche Pantomime

Ziel: höfliche Gesten sammeln, ein Gefühl für Höflichkeit wecken
Raum: ausreichend Platz für einen Kreis
Zeit: 15 bis 20 Minuten

Durchführung: Alle sitzen im Kreis, einer geht in die Mitte und stellt pantomimisch eine Höflichkeitsgeste dar, z. B. die Tür aufhalten, in den Mantel helfen, die Hand schütteln oder Wasser einschenken. Derjenige, der die Geste erraten hat, darf eine eigene vorstellen. Die erratenen Begriffe können für alle sichtbar aufgeschrieben werden.

Small Talk

Vorgeschichte: Small Talk dient beim Kennenlernen als „Eisbrecher" und kann Vertrauen zwischen den Gesprächspartnern schaffen. Dies ist z. B. im Geschäftsleben für die weitere Zusammenarbeit sehr wichtig. Aber auch um auf einer Party mit Unbekannten ins Gespräch zu kommen, kann das kleine Gespräch genutzt werden. Small Talk dient nicht nur dazu, die Atmosphäre aufzulockern, sondern man signalisiert auch Interesse an seinem Gegenüber. Vermeiden sollte man heikle Gesprächsthemen, wie z. B. Geld, Politik und Religion.

Ziel: Small Talk trainieren und dadurch einen guten Gesprächseinstieg hinbekommen, der den Verlauf des weiteren Gesprächs positiv beeinflussen soll
Raum: ausreichend Platz, um sich als Gruppe zu bewegen
Zeit: 10 bis 15 Minuten

Durchführung: Alle gehen durch den Raum. Auf ein Zeichen (Klangschale, Klopfen an einen Gegenstand o. Ä.) schreiben oder sagen Sie ein Small Talk-Thema, z. B. das Wetter, den Weg zur Schule/zur Arbeit, das geplante Mittagessen oder die Wahl der wetterabhängigen Kleidung. Die Jugendlichen finden sich daraufhin zu zweit oder zu dritt zusammen und beginnen mit dem Small Talk. Nach drei Minuten beenden Sie die Gesprächsrunden und alle bewegen sich wieder durch den Raum. Es sollten sich immer andere Konstellationen bilden, damit unterschiedliche Erfahrungen mit Gesprächspartnern gemacht werden können, denn nicht jeder kann mit Small Talk etwas anfangen oder ist eventuell anfänglich etwas schüchtern. Sie können die Jugendlichen auch eigene Small Talk-Themen wählen lassen.

Höflichkeit
Orte der Höflichkeit

Schreibe in die Kreise, an welchen Orten Höflichkeit besonders wichtig ist.
Je wichtiger der Ort ist, desto größer ist der Kreis, in dem dieser steht.

Überlege:
- Welchen Nutzen hat Höflichkeit?
- Sollte man immer höflich sein?
- Sollte man auch höflich sein, wenn man es gar nicht möchte?

Höflichkeit

Ich trainiere meine Höflichkeit

Trainiere deine Höflichkeit, indem du demnächst ganz bewusst auf sie achtest.
Schreibe hier im Verlauf der nächsten Woche drei Situationen auf, in denen du höflich warst:

1. Situation: ....
Wann: ....
....
Wo: ....
....
Zu wem: ....
....

2. Situation: ....
Wann: ....
....
Wo: ....
....
Zu wem: ....
....

3. Situation: ....
Wann: ....
....
Wo: ....
....
Zu wem: ....
....

Hast du die Aufgabe ernst genommen?
Ist es dir schwergefallen, höflich zu sein? Warum?

....
....

In welcher Situation ist dir Höflichkeit leichtgefallen? Warum?

....
....

Informationsmanagement

Die aufgabenbezogene Beschaffung von Informationen ist sicherlich etwas, was in Zeiten des Internets wesentlich einfacher geworden ist. Viele Jugendliche haben einen eigenen Computer oder können zumindest auf einen zugreifen. Durch die mobilen Endgeräte, wie Smartphones oder Tablets, ist es zudem wesentlich einfacher geworden, sich auch unterwegs Informationen zu beschaffen. Es ersetzt jedoch nicht immer den Blick in ein Buch oder das persönliche Gespräch, wenn es darum geht, Inhalte vertieft zu erfassen. Im Arbeitsleben versteht man unter Informationsmanagement die Entwicklung und Aufrechterhaltung einer Informations- und Kommunikationsstruktur und -kultur. Aber auch ein Zuviel an Informationen kann schaden. Informationsstress zu vermeiden bzw. mit ihm umzugehen, will ebenfalls gelernt werden. Denn so vielfältig und zahlreich die Informationen fließen, so hinderlich und belastend können diese auch für das Erfassen von wesentlichen Inhalten und letztendlich eine persönliche Verortung sein. Heutzutage sind fast alle Jugendlichen überall mobil, durchgängig bekommen sie Informationen aus allen möglichen Quellen – leider aber auch in Form von Spam-Mails, Werbung, Anzeigen, Plakaten usw. Die Herausforderung ist es nicht mehr, wie man an Informationen kommt, sondern wie man mit der Flut von Informationen umgeht. Diese Schlüsselqualifikation kann den Jugendlichen bei der zielführenden und effizienten Beschaffung von Informationen helfen.

Folgende Fragestellungen können für einen Gesprächseinstieg hilfreich sein:

- Was versteht ihr unter Informationsmanagement?
- Wieso müssen Informationen gemanagt werden?
- Was unterscheidet nützliche von unnützen Informationen?
- Wie kann ich überprüfen, ob die Information richtig und wichtig ist?
- Wo findet ihr bestimmte Informationen? Wie geht ihr bei der Suche vor?
- Welchen Stellenwert hat für euch in diesem Zusammenhang das Internet?

Netzwerken, Teamfähigkeit

Informationsmanagement

Stille Post

Ziel: erfahren, wie schnell Informationen verfälscht werden können
Raum: ausreichend Platz für einen Stuhlkreis
Zeit: 10 bis 15 Minuten

Durchführung: Dieser „Spielklassiker" dürfte bekannt sein. Zur Erinnerung: Ein Jugendlicher flüstert seinem Sitznachbarn einen Satz ins Ohr. Dieser wird nun ohne Rückfrage, d. h. so, wie er verstanden wurde, weitergegeben. Was für ein Satz kommt am Ende beim letzten Spieler an?

Reflexion: Wie lässt es sich vermeiden, dass Informationen verfälscht werden? Lässt sich anhand dieses Spiels ein Rückschluss auf die Weitergabe von Informationen ziehen?

Quellenforscher

Vorbereitung: Sammeln Sie Ausdrücke, Sprüche und Zitate, deren Herkunft sich nicht sofort erschließt.
Ziel: Informationen einholen, hinterfragen und erforschen
Raum: Bibliothek und/oder Computerarbeitsplätze mit Internetzugang
Zeit: 30 bis 45 Minuten

Durchführung: Verteilen Sie Ihre gesammelten Begriffe und Sätze an die Jugendlichen mit der Aufgabe, die Quelle und die dazugehörige Bedeutung herauszufinden. Woher kommt z. B. der Spruch „Das wird jetzt aber allerhöchste Eisenbahn"? Was bedeutet eigentlich „Tschakka, du schaffst das!"?

Anmerkung: Diskutieren Sie mit den Jugendlichen über den „unwissenden" und leichtfertigen Gebrauch von Informationen und dessen mögliche Auswirkungen insbesondere im wissenschaftlichen Kontext und in der Forschung. Machen Sie auch zum Thema, wie sicher bestimmte Quellen, z. B. Wikipedia, sind.

Lernsteinchen

Ziel: von anderen lernen, informiert werden
Material: kleine (Spiel-)Steine, Kiesel o. Ä.
Zeit: über einen festgelegten Zeitraum von max. 2 Wochen

Durchführung: Jeder bekommt ein Steinchen. Wenn einer etwas von einem anderen erfahren hat, was ihn inhaltlich weitergebracht oder zum besseren Verständnis geführt hat, gibt er diesem sein Steinchen. Die Steinchen werden nicht behalten, sondern bei passender Gelegenheit weitergegeben.

Reflexion: Thematisieren Sie zum Ende des festgelegten Zeitraums, mit welchen Informationen die Jugendlichen sich gegenseitig helfen konnten. Was war der Anlass, ob eine Information für wertvoll genug erachtet wurde, das Steinchen dafür abzugeben?

Anmerkung: Dies ist ein schönes Spiel, um die Wahrnehmung für Wissensinhalte zu öffnen und anderen Personen dafür Wertschätzung entgegenzubringen.

Informationsmanagement

Meinen Infostress managen

Vielleicht kennst du den Ausdruck „zu viel des Guten".
Manchmal können auch Informationen zu viel des Guten sein.
Wir werden jeden Tag mit vielen neuen Informationen konfrontiert, die sich nicht immer verarbeiten lassen oder die uns von den wichtigen Aufgaben abhalten. Informationen können auch Anrufe oder Kurznachrichten auf dem Handy sein, Werbung auf Plakaten, im Fernsehen oder im Internet.
Überlege dir Beispiele, wie du mit deinem Infostress so umgehst, dass du ihn in deinem Alltag gut bewältigen kannst:

Kann ich Zeiten reservieren, an denen ich nicht erreichbar bin?

....

Welche Möglichkeiten gibt es, meine Erreichbarkeit zu minimieren?

....

....

....

Wie schaffe ich es, unwichtige Informationen von den wichtigen zu unterscheiden?

....

....

....

Wie erkenne ich, dass mir Informationen nicht guttun oder dass sie mich beeinflussen wollen (Werbung etc.)?

....

....

....

Wie schütze ich mich vor Informationen, die mir nicht guttun?

....

....

....

Wie gehe ich mit einem „Zuviel" an Informationen um?

....

....

....

Informationsmanagement

Unsere Infobörse: Wir informieren uns gegenseitig

Im Folgenden habt ihr als Gruppe die Aufgabe, mithilfe eures Lehrers oder Gruppenleiters eine Informationsstruktur (Infobörse) zu schaffen, aus der ihr langfristig profitieren könnt.

Schritt 1:

Findet euch in 4er-Gruppen zusammen und erarbeitet eure „Wissenskompetenz". Schreibt zunächst auf, wer in welchen Lebensbereichen und Schulfächern über das umfangreichste Wissen sowie die meisten Informationen verfügt. Dabei ist es wichtig, dass nicht nur eine Selbsteinschätzung vorgenommen wird, sondern auch andere eine Einschätzung abgeben können. Ihr dürft auch gern verrückte Dinge angeben, wie z. B. „Linus weiß immer, wo es etwas zu essen gibt" oder „Anna kennt die neuesten Trends in Sachen Mode."

Schritt 2:

Findet euch in der Großgruppe zusammen. Erzählt euch, welche „Informationsquellen" ihr gefunden habt, und findet anschließend Überschriften bzw. Kategorien, z. B. „Lifestyle und Mode", „Musikredaktion", Matheexperten" und „Perfect in English". Gestaltet das System, in dem die Informationen zu finden sein sollen, ansprechend, übersichtlich und unterhaltsam! Ordnet abschließend die Namen mit Spezialisierungen auf Karten zu. Das kann so aussehen:

- Matheexperten → Jonas, auf Geometrie spezialisiert, gibt ggf. Nachhilfe
- Künstlerische Gestaltung → Luisa, kennt allerlei Tricks, verrät und zeigt, wie es geht

Euer persönliches Archiv

- Wie sieht es mit der Strukturierung eurer eigenen Informationen aus?
- Wie archiviert und sortiert ihr Lerninhalte, Adressen, Informationen zur Berufswahl, Notizen etc.?
- Habt ihr dafür ein bestimmtes System?
- Funktioniert dieses oder könnt ihr etwas daran verbessern?

Wenn ihr vertiefend etwas lesen möchtet, fragt nach den Arbeitsblättern zum Thema „Ordnungssinn".

Interkulturelle Kompetenz

Interkulturalität begegnet uns überall als Schlagwort. In den meisten Schulen ist Interkulturalität keine Ausnahmeerscheinung mehr, sondern vielmehr die Regel. Ein Umgang mit Heterogenität und kultureller Vielfalt ist also von zentraler Bedeutung in unserer pluralistischen Gesellschaft. In unserem Alltag kommen viele Konsumgüter aus anderen Ländern, ohne dass uns dies ständig bewusst ist. Auch Geschlechterrollen, Zeitorientierung, Essgewohnheiten oder Sonstiges unterscheiden sich nicht nur von Mensch zu Mensch, sondern sind auch kulturell bedingt.

Dies bietet Chancen, stellt uns aber auch vor Herausforderungen. Durch die Vielfalt von Werten und Einstellungen kann es leicht zu Konflikten und Missverständnissen kommen.
Nicht nur in der Schule und in ihrer Freizeit, sondern auch im späteren Berufsleben werden die Jugendlichen, je nach Arbeitsplatz, auf andere Kulturen treffen. Dies erfordert im Alltag Austausch und Anpassung. Durch die Förderung des Miteinanders können Ängste abgebaut und Intoleranz sowie Diskriminierung entgegengewirkt werden. Hilfsmittel dafür sind die Sprache, Gestik und Mimik.

Folgende Fragestellungen können für einen Gesprächseinstieg hilfreich sein:

- Inwiefern begegnet euch in eurem Alltag Interkulturalität?
- Was braucht das Zusammenleben verschiedener Kulturen?
- Würdet ihr euch für offen gegenüber anderen Kulturen halten?
- Welche Probleme können beim Zusammenleben verschiedener Kulturen entstehen?

Empathie, Höflichkeit, Kommunikationsfähigkeit, Konfliktfähigkeit, Problemlösefähigkeit, Teamfähigkeit, Wertschätzung

Interkulturelle Kompetenz

Ziel: eine Kultur entwickeln, Identifikation schaffen, interkulturelle Kompetenz entwickeln
Material: Tonpapier, Stifte, ggf. Verkleidungssachen und Accessoires, wie Hüte oder Ketten
Raum: ausreichend Platz für zwei Arbeitsgruppen, ggf. zwei Räume
Zeit: jeweils 30 bis 40 Minuten

Vorgeschichte: Teilen Sie die Jugendlichen in zwei Gruppen auf. Erzählen Sie, dass alle nach einem Schiffsunglück auf einer Insel gestrandet sind. Allerdings wurde die Gruppe geteilt und ist an unterschiedlichen Stellen der Insel gestrandet. Die eine im Norden und die andere im Süden. Der Norden hat ein raues Klima, es gibt keinen Strand, sondern zum Teil sehr steile Klippen. Es ist sehr windig und regnet oft. Im Landesinneren gibt es dichte Wälder und tiefe Schluchten. Im Süden gibt es hingegen weiße Sandstrände mit Palmen, die in einen Urwald übergehen. Lange Regenperioden wechseln sich mit sonnigen Abschnitten ab. Es herrscht eine reiche Vegetation. Selbstverständlich können Sie die Geschichte nach Ihren Vorstellungen weiter „ausschmücken".

Eine Insel

Durchführung: Jede Gruppe hat nun die Aufgabe, ein eigenes Volk zu gründen. Dazu gehören natürlich ein Name, eine Staatsform, Regeln, Rituale und Feste. Eine eigene Sprache sollte in Grundzügen vorhanden sein, ebenso Vorstellungen vom Tagesablauf und von Gewohnheiten. Die Jugendlichen können sich in verschiedene Räume zurückziehen und ihrer Fantasie freien Lauf lassen. Verkleidungen, individuelle Verhaltensweisen, Dekorationen und Schilder sind erwünscht. Wenn sich die Völker „gefunden" haben, ist der richtige Zeitpunkt gekommen, sich zu präsentieren und anschließend zur „Völkerverständigung" überzugehen.

Völkerverständigung

Durchführung: Nachdem die Inselvölker sich gebildet haben, gibt es eine schlechte Nachricht für die Bewohner von der Südseite. Es stellt sich heraus, dass der Strand im großen Ausmaß von wilden Tieren bevölkert wird, denen einfach nicht beizukommen ist. Dem Volk aus dem Süden bleibt nichts anderes übrig, als sich eine andere Heimat zu suchen. Sie haben schon einiges vom Norden gehört, auch dass dort ein Teil der Gruppe lebt, mit der sie damals auf dem Schiff gefahren sind. Das südliche Volk macht sich auf den Weg und trifft gegen Abend beim nördlichen Volk ein. Die Jugendlichen haben nun die Aufgabe, sich zu begegnen und die Situation zu klären. Im Weiteren soll ausgehandelt werden, wie ein Zusammenleben in Zukunft funktionieren kann.

Anmerkung: Lassen Sie den Jugendlichen Freiheit beim Spielen und geben Sie nicht zu viel vor. Es ist überaus spannend, zu beobachten, auf welche Ideen und Vorgehensweisen die Gruppen kommen. Verzichten Sie im Anschluss nicht auf eine Reflexion, in der Schwierigkeiten, Einschätzungen der Situation und die Übertragung auf die Lebensrealität thematisiert werden. Wo hat es warum Probleme gegeben? Was hat gut funktioniert?

Interkulturelle Kompetenz

Die Geschichte von „Waldi“

Als Dackel hat man es eh schon nicht einfach. Während andere Hunde aufgrund ihres Erscheinungsbildes nur einmal „wuff“ machen müssen, bedarf es bei dieser Gattung hartnäckigen Schwanzwedelns und nachdrücklichen Gebells, bis man endlich wahrgenommen wird. Waldi, geboren und aufgewachsen in einem kleinen Dorf bei München, hat dieser Tatbestand nie sonderlich gestört, genoss er doch hohes Ansehen als Posaunist in der ortsansässigen Trachtenkapelle. Insbesondere die Auftritte beim alljährlichen Trachtenfest und bei der Verleihung der Ehrenmedaillen an besonders treue und ergebene Touristen hatten ihm einen festen Platz in der Gemeinde eingebracht. Nun war es so, dass eines Tages eine sehr hübsche und durchaus sehr durchsetzungsstarke Terrierdame namens Lotte ihren Weg in Waldis Heimatort fand. Sie war zum Trachtenfest angereist und erlag sofort dem stoischen Charme des führenden Posaunisten. Nach einem ersten Beschnuppern verbrachten sie einen romantischen Abend an der nahe gelegenen Seepromenade, um zu beschließen, nie mehr auseinanderzugehen. Leider war die Terrierdame an ihr Familienunternehmen gebunden. Man betrieb einen Fahrradverleih an der Nordseeküste und die Anwesenheit von Lotte war unabdingbar, da sie für die Buchhaltung zuständig war. Also packte Waldi seine Posaune ein und zog zu Lotte an die Nordseeküste. Das Leben dort hatte er sich jedoch einfacher vorgestellt. Schnell bekam er Bindehautentzündungen von dem starken Wind; zudem hatte er Probleme mit seiner Größe. Wurde er doch stets von Fahrradfahrern übersehen, was ihn in seiner Not dazu veranlasste, permanent zu bellen. Dies gefiel den doch eher wortkargen Nordlichtern überhaupt nicht, sodass Waldi schnell den Ruf eines Wichtigtuers bekam. Da Waldi sehr an seiner Trachtenkleidung hing, wurde er zum Gespött der Leute und zu allem Überfluss fand sein Posaunenspiel kein Gefallen im einmal wöchentlich probenden Shantychor. Auch konnte Waldi sich bis heute nicht an das Wasser gewöhnen. Ständig waren seine Pfoten und seine Ohren nass, während Lotte behände durch die Brandung sprang. Als Lotte ihm jedoch eines Tages drei süße Hundebabys schenkte, machte dies Waldi sehr glücklich und fortan zog er erhobenen Hauptes durchs Dorf. Sein großer Traum ist es nun, seinen Kindern eines Tages die Berge zu zeigen und mit ihnen auf das alljährliche Trachtenfest in seinem Heimatort zu gehen.

Was zeigt dir die Geschichte von Waldi?
Welche Schwierigkeiten hat Waldi und wieso hat er diese, trotzdem er nicht aus einem anderen Land kommt?

Hast du dich schon mal wie Waldi gefühlt? In welcher Situation?

Interkulturelle Kompetenz

Meine Wurzeln

Erforsche, woher deine Ahnen, also Großeltern, Urgroßeltern und, wenn du es herausfindest, Ururgroßeltern stammen.

Oft stellt sich heraus, dass der Geburtsort deiner Ahnen ein ganz anderer ist als dein jetziger Wohnort. Welche Schlussfolgerung ziehst du daraus?

Feiertage und Bräuche

Schreibe im Folgenden auf, welche Festtage dir etwas bedeuten und wie du sie in der Familie und im Freundeskreis verbringst. Kennst du auch „fremde" Festtage und weißt, zu welchem Anlass diese gefeiert werden?

Suche dir nun einen Partner und tauscht euch aus. Entdeckt ihr Gemeinsamkeiten? Welche Unterschiede gibt es?

Kommunikationsfähigkeit

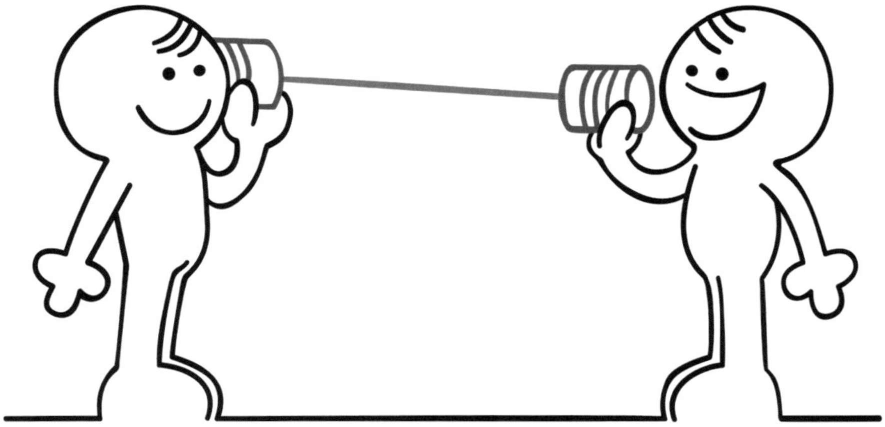

Kommunikation ist mehr als die reine Übertragung von Informationen: Sie ist der Schlüssel für alle Türen des Lebens. Wer gut kommunizieren kann, ist in der Lage, eine freundliche Atmosphäre zu schaffen, Gefühle zu äußern, Wünsche mitzuteilen und Konflikte anzusprechen.

Kommunikationsfähigkeit ist die Grundlage für viele Schlüsselqualifikationen, da sie diese transportiert und zur Entfaltung bringt. Um diese Fähigkeit zu erlangen, bedarf es zunächst eines Verständnisses, wie Kommunikation „funktioniert". Erst im zweiten Schritt kann eine bewusste Anwendung stattfinden und auch diese muss beständig trainiert werden. Zu oft verfallen wir doch den Kommunikationsmustern, die uns geprägt haben. Kommunikation kann in ihren vielfältigen Anwendungsmöglichkeiten große Freude bereiten und dieses sollte auch den Jugendlichen vermittelt werden. Sie bietet das Handwerkszeug, um mutig, wendig und offen durchs Leben zu gehen und neue Handlungsspielräume zu erschließen. Spannend ist es auch, mit den Jugendlichen über die verschiedenen Kommunikationsmittel zu diskutieren und Vor- und Nachteile zu betrachten.

Folgende Fragestellungen können für einen Gesprächseinstieg hilfreich sein:

- Was assoziiert ihr mit Kommunikationsfähigkeit?
- Welche Chancen stecken in der Fähigkeit, zu kommunizieren?
- Mit welchen Medien und Mitteln kommuniziert ihr? Was spielt außer eurer Stimme noch eine Rolle?
- Welche Bedeutung hat Kommunikation für Konflikte?
- Warum fällt es manchmal schwer, etwas anzusprechen?
- Wie unterscheidet sich Kommunikation je nach Kommunikationspartner oder nach Kommunikationsmittel?

Empathie, Konfliktfähigkeit, Rhetorik, Wertschätzung

Kommunikationsfähigkeit

Ein Bild malen oder: Gesagt heißt nicht verstanden

Ziel: unterschiedliche Auffassung von Wirklichkeit und Kommunikation aufzeigen
Material: Papier und Stifte
Zeit: 15 bis 20 Minuten

Durchführung: Bitten Sie zwei Jugendliche (A und B), sich so hinzusetzen, dass sie einander nicht sehen können. Jeder bekommt ein Blatt Papier und Stifte. Im Folgenden gibt es drei Spielrunden:

1. Spielrunde: Person A malt ein Bild und erklärt während des Malvorgangs dieses Person B, damit diese das Bild nachmalen kann. Person B darf keine Rückfragen stellen.
2. Spielrunde: Person A malt ein neues Bild und beschreibt wieder. Person B darf diesmal nachfragen.
3. Spielrunde: Person A und B dürfen sich gegenübersitzen, sich sehen und unterhalten. Wieder malt Person A ein Bild, welches Person B nachmalen soll.

Das Ziel ist es, möglichst identische Bilder in den Händen zu halten.

Reflexion zur 1. Spielrunde: Wie war es für den Empfänger? War es leicht, das Bild zu malen?
Reflexion zur 2. Spielrunde: Gab es einen Unterschied zur ersten Runde?
Reflexion zur 3. Spielrunde: Warum war diese Spielrunde am einfachsten?

Anmerkung: In der ersten Runde wird deutlich, wie schwierig es ist, wenn nur einer spricht und der andere nicht nachfragen kann. Der Interpretationsraum ist dann sehr groß und es können viele Missverständnisse auftreten. Gesagt heißt nicht verstanden! Diese Form der Kommunikation gibt es jedoch immer häufiger, da durch die neuen Medien, wie Facebook, WhatsApp und Co., keine direkten Nachfragen gestellt werden können. Man nennt dieses eine „Einwegkommunikation".

Ein Fahrgast schläft

Ziel: nonverbale Kommunikation erfassen und deuten
Raum: ausreichend Platz für einen Kreis
Zeit: 10 bis 15 Minuten

Durchführung: Alle sitzen im Kreis. Ein Jugendlicher geht in die Mitte, setzt sich auf einen Stuhl und mimt einen Fahrgast im Zug. Er sitzt dabei mit geschlossenen Augen und macht keine weitere Geste oder Mimik. Die anderen dürfen nun Vermutungen anstellen, was der Fahrgast damit alles „sagen" könnte. Es dürfen weitere Szenen von anderen Jugendlichen dargestellt werden.

Anmerkung: In dieser Übung zeigt sich, wie „mächtig" nonverbale Kommunikation ist: Diese wird im Alltag oft unbewusst eingesetzt. Diskutieren Sie mit den Jugendlichen, in welchen Situationen der unbewusste oder bewusste Einsatz der nonverbalen Kommunikation vorkommt und hilfreich oder auch nachteilig ist. Auch die Thematisierung der Deutungsmöglichkeiten von nonverbaler Kommunikation bietet sich an.

Kommunikationsfähigkeit

Richtig gesagt? – Richtig verstanden

Jede Nachricht hat vier Seiten und kann somit unterschiedlich gemeint, aber auch gehört werden. Dieses Vier-Seiten-Modell geht auf den Psychologen und Kommunikationswissenschaftler Friedemann Schulz von Thun zurück. Vielleicht ist dir der berühmte Beispielsatz „Die Ampel ist grün" schon mal im Unterricht begegnet. In der unten stehenden Abbildung wird das Modell an dem Satz „Der Kühlschrank ist leer" verdeutlicht.

Der Kühlschrank ist leer

Sachebene:
Es ist nichts zu essen im Haus.

Beziehungsebene:
Ich komme mir vernachlässigt vor, weil du dich nicht darum gekümmert hast, dass ich etwas zu essen bekomme.

Appell:
Gehst du bitte einkaufen und füllst den Kühlschrank mit Lebensmitteln auf?

Selbstaussage:
Ich habe Hunger und möchte etwas essen.

Am besten versteht man dieses Modell, wenn man es anwendet. Setzt euch zu zweit zusammen und überlegt euch drei Beispielsätze. Schreibt diese auf und ordnet sie den vier Seiten einer Nachricht zu.

....

....

....

Was bedeutet dieses Modell für die Entstehung von Konflikten?
Was kann man als Sender und Empfänger einer Nachricht tun, um Konflikten vorzubeugen?

....

....

....

....

© Verlag an der Ruhr | Autorin: Antonia Klein | ISBN 978-3-8346-2780-3 | www.verlagruhr.de

Kommunikationsfähigkeit —1/2

Giraffen- und Wolfssprache

Gewaltfreie Kommunikation

Die Gewaltfreie Kommunikation (GFK) soll Menschen ermöglichen, eine wertschätzende Beziehung zu entwickeln und so miteinander umzugehen, dass ein Gespräch zu mehr Vertrauen und Freude am Leben führt. Die GFK eignet sich auch hervorragend zur Lösung von Konflikten. Die Giraffen- und Wolfssprache, als ein Mittel der GFK, wurde vor dem Hintergrund des personenzentrierten Ansatzes von Carl Rogers entwickelt.

Die Giraffensprache:

Das größte Herz aller Landtiere auf der Welt hat die Giraffe.
Sie braucht so ein großes Herz, um das Blut durch den langen Hals bis in den Kopf zu pumpen. Die Giraffe lebt friedlich mit anderen Tieren zusammen, mit den Antilopen, den Zebras, den Löwen und Elefanten.
Die Giraffe hat diesen langen Hals und sieht die Welt mehr von oben. Daher kann sie vieles sehen und beobachten, was andere Tiere nicht sehen können. Sie nimmt keinem Tier etwas weg, weil sie mit ihrem langen Hals nur dort frisst, wo kein anderes Tier hinkommen kann. Es gibt somit keinen Streit mit der Giraffe und sie kann mit allen friedlich zusammenleben.
Aus diesen Gründen leihen wir uns den Namen der Giraffe für unser Vorhaben. Wir wollen von der Giraffensprache reden, wenn Menschen ein großes Herz haben, wenn sie andere gut verstehen und wenn sie offen und freundlich mit anderen sprechen. Die Giraffensprache hilft uns, wenn wir uns streiten oder unterschiedliche Meinungen haben.

— Quelle: Bundeszentrale für gesundheitliche Aufklärung (Hrsg.): Achtsamkeit und Anerkennung. Materialien zur Förderung des Sozialverhaltens in der Grundschule. 2002, S. 44 f.

Merkmale der Giraffensprache

Ich sage dem anderen, was mich stört, ohne ihn zu beleidigen.
Ich sage, was ich fühle.
Ich sage deutlich, was ich wünsche. Ich formuliere eine Bitte oder einen Wunsch.

— Quelle: Bundeszentrale für gesundheitliche Aufklärung (Hrsg.): Achtsamkeit und Anerkennung. Materialien zur Förderung des Sozialverhaltens in der Grundschule. 2002, S. 50 f.)

Finde drei Beispielsätze für eine Giraffensprache!

....

....

....

....

Kommunikationsfähigkeit __2/2

Giraffen- und Wolfssprache

Giraffen- und Wolfssprache

In der Giraffensprache finden sich viele lösungsorientierte Ansätze wieder. Berücksichtigst du diese, sendest du sogenannte „Ich-Botschaften", d.h. dass du keinen Angriff oder Vorwurf formulierst, sondern deinem Gegenüber mitteilst, wie es dir geht und was du dir wünschst.

Formuliere die folgenden drei Aussagen in eine „Ich-Botschaft" um:

Du bist ja schon wieder zu spät!

....

So ein Unsinn. Das Spiel ist doch doof.

....

Du sprichst aber undeutlich.

....

Die Wolfssprache:

Erwachsene und Kinder schaffen es nicht, immer in der Giraffensprache zu sprechen. Manchmal haben sie Sorgen, sind wütend und enttäuscht oder sie haben Angst. Dann benutzen sie die Wolfssprache. Wölfe stehen hier für Lebewesen, die nicht den Überblick wie die Giraffen haben und nicht über ein so großes Herz verfügen. Wenn Wölfe wütend sind, dann schnappen sie zu, knurren andere an und verletzen sie in irgendeiner Weise. Wenn Wölfe Angst haben, dann verstecken sie ihre Gefühle und sagen nicht, wie es ihnen wirklich geht.
Eine Sprache, die mit Ängsten, Enttäuschungen, Wut und Verschlossenheit einhergeht, wollen wir jetzt die Wolfssprache nennen.

— Quelle: Bundeszentrale für gesundheitliche Aufklärung (Hrsg.): Achtsamkeit und Anerkennung. Materialien zur Förderung des Sozialverhaltens in der Grundschule. 2002, S. 45 f.

Merkmale der Wolfssprache

- Ich tue dem anderen mit meinen Worten weh.
- Ich sage etwas Schlechtes über den anderen.
- Ich lasse dem anderen mit meinen Worten keine Wahl.
- Ich rede voller Wut und suche Streit.

— Quelle: Bundeszentrale für gesundheitliche Aufklärung (Hrsg.): Achtsamkeit und Anerkennung. Materialien zur Förderung des Sozialverhaltens in der Grundschule. 2002, S. 50

Nenne drei Beispielsätze für eine Wolfssprache!

....

....

....

....

Konfliktfähigkeit __1/2

Meist bedarf es keiner großen Anstrengungen, um Fronten zwischen zwei Menschen oder in einem Team aufzubauen. Menschen mit ihren individuell verschiedenen Ansprüchen, ihrem Denken und ihren Gefühlen geraten irgendwann fast automatisch aneinander. Und das ist ganz natürlich, denn wir haben alle verschiedene Ansichten von Richtig oder Falsch. Unsere Einstellung ist stets subjektiv. Diese Erkenntnis beschreibt auch der Psychologe und Linguist Alfred Korzybski in seinem Modell der Welt. Die Grundannahme ist, dass jeder Mensch ein einzigartiges Modell der Welt hat, abhängig von seinen individuellen Erfahrungen. Unser Modell der Welt ist aber nicht das unseres Gegenübers: Diese Konstruktion hat aber ebenso wie meine eigene ihre Berechtigung. Durch diese individuellen Wirklichkeiten kommt es – fast schon zwangsläufig – zu zwischenmenschlichen Konflikten. Es ist für eine konfliktfreie Kommunikation erforderlich, dass ich zunächst annehme, dass mein Gegenüber ein anderes Modell der Welt hat als ich selbst. Dies muss ich verstehen, um mit ihm möglichst konfliktfrei kommunizieren zu können. Dafür ist eine offene und wertfreie Haltung nötig.

Konflikte sind meist soziale Konflikte, d. h., sie spielen sich zwischen Menschen in unterschiedlichen Beziehungskonstellationen ab. Selten geht es „nur" um die Sache; in den meisten Fällen wird über die Sache ein Beziehungskonflikt ausgetragen. Es geht also meistens um Gefühle, die unser Handeln maßgeblich beeinflussen.

Meist kommen Konflikte erst dann zur Sprache oder werden zum Problem, wenn sie einen Vorgang stören und/oder eine Belastungsgrenze erreicht ist. Daher werden Konflikte mit unangenehmen Gefühlen verbunden und eine Lösung wird so lange wie möglich hinausgezögert. Da beißt sich dann jedoch die Katze in den Schwanz, weil die Konfliktlösung so sicherlich nicht einfacher wird und die Situation bereits festgefahren ist.

Im Idealfall herrscht eine sogenannte „Konfliktkultur", d. h., es herrscht ein Klima, in dem Störungen direkt, offen und ohne unangenehme Gefühle angesprochen werden können. Wenn die Beziehungsebene geklärt ist, können auch Sachkonflikte in Ruhe besprochen werden.

Eine Auseinandersetzung mit dieser Schlüsselqualifikation erfordert von Ihnen eine Offenheit und Bereitschaft, Konflikte als selbstverständlichen Bestandteil von Kommunikation zu betrachten und den Jugendlichen das in Ihrem eigenen Konfliktverhalten vorzuleben. Festzustellen, dass sich nach einem durchgestandenen Konflikt die Beziehung nicht verschlechtert oder dass diese gar beendet wurde, sondern sich eher vertieft und verbessert hat, ist eine der wertvollsten Erfahrungen, die Jugendliche machen können.

Konflikte sind auch eine Chance. Sie zeigen Probleme auf, im Gegenzug aber auch Lösungen. Und sie schaffen Abgrenzung, aber auch Zugehörigkeit. Sie können also nur gewinnen!

Da die Lösung von Konflikten eng mit dem Verständnis von Kommunikation verknüpft ist, ist es empfehlenswert, im Vorfeld die Schlüsselqualifikation „Kommunikationsfähigkeit" durchzunehmen!

Konfliktfähigkeit __2/2

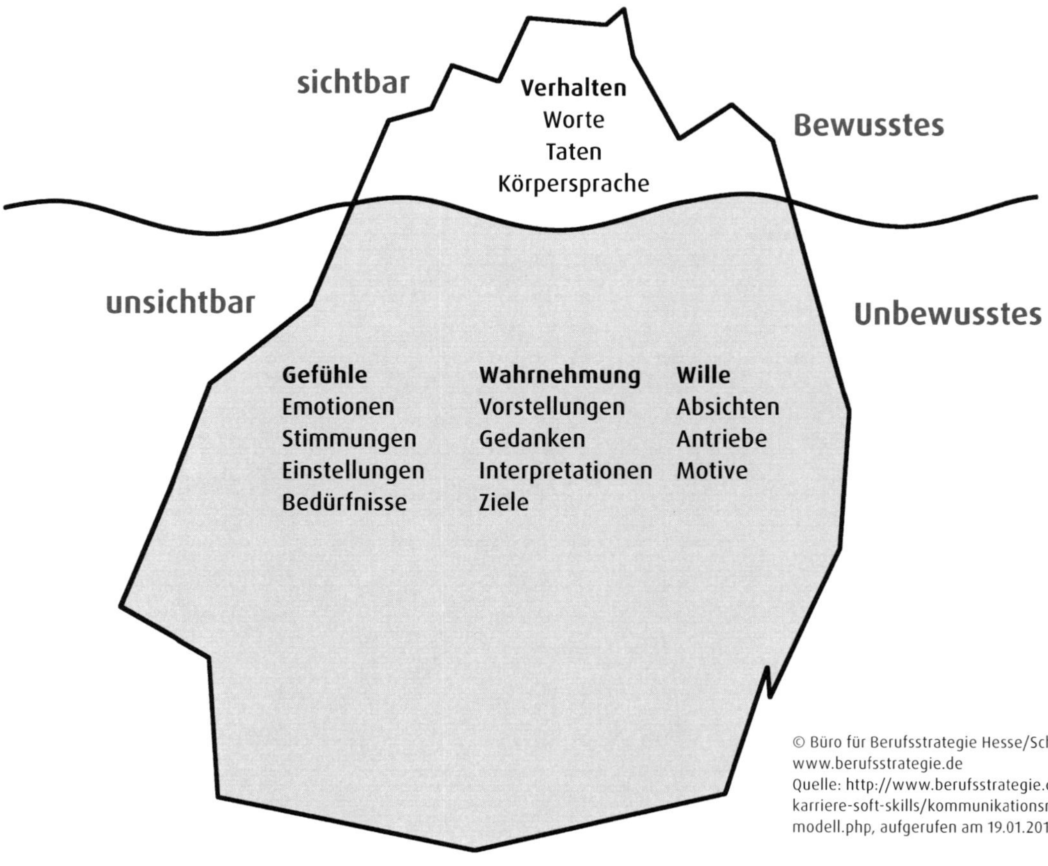

© Büro für Berufsstrategie Hesse/Schrader 2015 - www.berufsstrategie.de
Quelle: http://www.berufsstrategie.de/bewerbung-karriere-soft-skills/kommunikationsmodelle-eisberg-modell.php, aufgerufen am 19.01.2015

Das sogenannte Eisbergmodell geht auf den Psychoanalytiker Sigmund Freud zurück. Seinem Modell liegt die Annahme zugrunde, dass der sichtbare, kleine Teil eines Eisberges den bewussten Teil der Psyche (Ich) darstellt, der größere, unter Wasser liegende Teil das Unbewusste, also das Es und Über-Ich. Übertragen auf mögliche Kommunikationskonflikte bedeutet dies, dass das sichtbare und bewusste Verhalten, wie Worte und Handlungen, nur ca. 20% ausmachen, wohingegen die restlichen 80% unbewusste Gefühle und Beobachtungen sind. In der zwischenmenschlichen Kommunikation wirken sich Störungen auf der Beziehungsebene auch auf der Sachebene aus und können so Konflikte hervorrufen. Sich also bewusst zu machen, dass unbewusste Gefühle und Beobachtungen die Kommunikation maßgeblich beeinflussen, kann ein erster Schritt zu einer Kommunikation mit weniger Konfliktpotenzial sein.

Folgende Fragestellungen können für einen Gesprächseinstieg hilfreich sein:

- Was ist ein Konflikt?
- Wie können Konflikte entstehen?
- Welche Gefühle lösen Konflikte bei euch aus?

Empathie, Kommunikationsfähigkeit, Problemlösekompetenz

Konfliktfähigkeit __1/2

Die Harvard-Orange

Ziel: Konfliktentstehung und -lösung verstehen und diskutieren
Zeit: 20 bis 30 Minuten

Durchführung: Lesen Sie zunächst folgende Geschichte vor: *Die Mutter zweier Töchter hat nur noch eine einzige Orange. Beide Kinder kommen in die Küche und rufen: „Mama, ICH will die Orange haben!"*
Was tun?
Soll die Mutter die Orange nun zerschneiden, sodass jedes Kind nur eine halbe Orange bekommt (= würde einem klassischen Kompromiss entsprechen: Jede gibt ein bisschen nach).
Oder soll die Mutter eine Münze werfen oder womöglich sogar die beiden Mädchen um die Orange kämpfen lassen? (= aus dieser Situation würde jeweils ein Sieger und ein Verlierer hervorgehen).

Anmerkung: Lassen Sie die Jugendlichen an dieser Stelle einmal selbst überlegen und Vorschläge machen.

Lösung: Intuitiv macht die Mutter genau das Richtige, sie fragt: *„Warum wollt ihr denn die Orange unbedingt haben?"*, und zwar beide Mädchen einzeln. Die eine Tochter antwortet: „Ich möchte einen Kuchen backen und benötige dazu die Schale der Orange." Die andere Tochter hat Durst und möchte einen frisch gepressten Orangensaft trinken. Ihr genügt die Orange ohne Schale.
Nach der Klärung der Bedürfnisse ist die Lösung plötzlich ganz einfach und die beiden unterschiedlichen Interessen lassen sich berücksichtigen, indem ein Mädchen die Schale und das andere die geschälte Orange bekommt. Beim schnellen Kompromiss mit zwei halben Orangen hätten zwei unzufriedene Kinder die Küche verlassen.
— Quelle: http://www.munkmediation.at/index.php?option=com_content&view=article&id=59&Itemid=67, aufgerufen am 17.12.2014

Konfliktlösungsarten und -typen

Ziel: Konfliktlösungsarten und -typen kennenlernen und verstehen
Material: Tafel oder Flipchart
Zeit: 15 bis 20 Minuten

Durchführung: Übertragen Sie mit den Jugendlichen die vorgeschlagenen und diskutierten Lösungsmöglichkeiten der Harvard-Orange in folgende Abbildung, die Sie an eine Tafel oder Flipchart gezeichnet haben. Daraus wird ersichtlich, wie unterschiedlich Konflikte gelöst werden können und welche Konflikttypen es gibt.

Reflexion: Denkt einmal darüber nach, welcher Konflikttyp ihr wohl seid.

Konfliktfähigkeit __2/2

Die Konflikttypen

Es werden fünf Konflikttypen unterschieden, die alle ihre eigenen Lösungsstrategien haben:

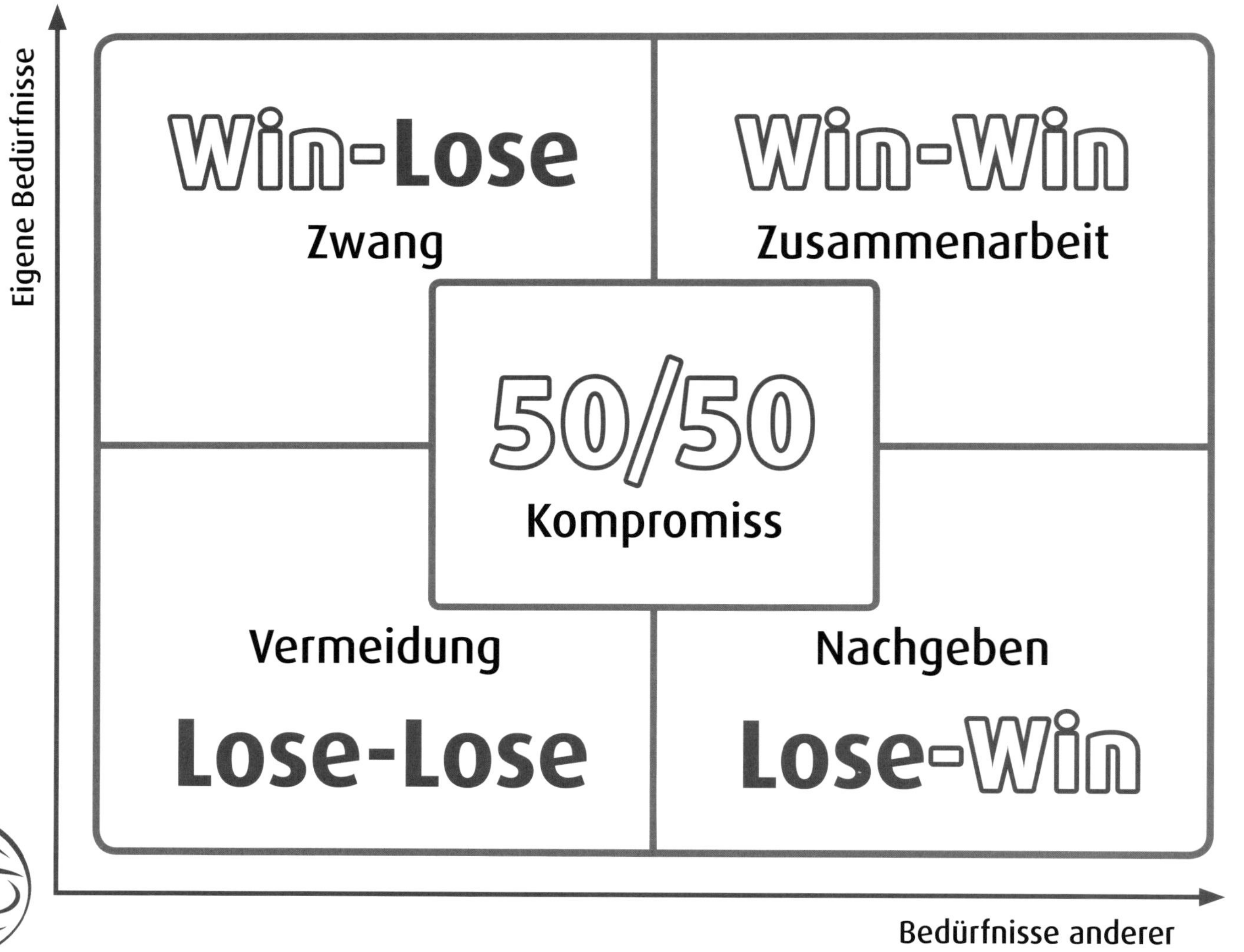

Quelle: http://peterkleinau.com/ein-konflikt-kommt-selten-allein/#more-1015, aufgerufen am 19.01.2015

Konfliktfähigkeit ___1/2

Wie entstehen Konflikte?

In einem Konflikt können sich die verschiedensten Bedürfnisse, Einstellungen und Gefühle gegenüberstehen. Diese befinden sich meistens auf der Beziehungsebene. Die Beziehungsebene spielt sich jedoch häufig unbewusst ab, auch wenn sie den wesentlichen Teil in einer Kommunikation ausmacht. Wenn du dir einen Eisberg vorstellst, spielt sich also das Wesentliche unter der Wasseroberfläche ab.

Mein Eisberg:
Fülle deinen persönlichen Eisberg, indem du einen Beispielsatz hineinschreibst, der zu einem Konflikt führen kann. Schreibe dann in den unteren Bereich des Eisberges deine verschiedenen Empfindungen, die du nicht laut aussprechen würdest. Vielleicht fällt dir auch ein aktueller Konflikt ein?

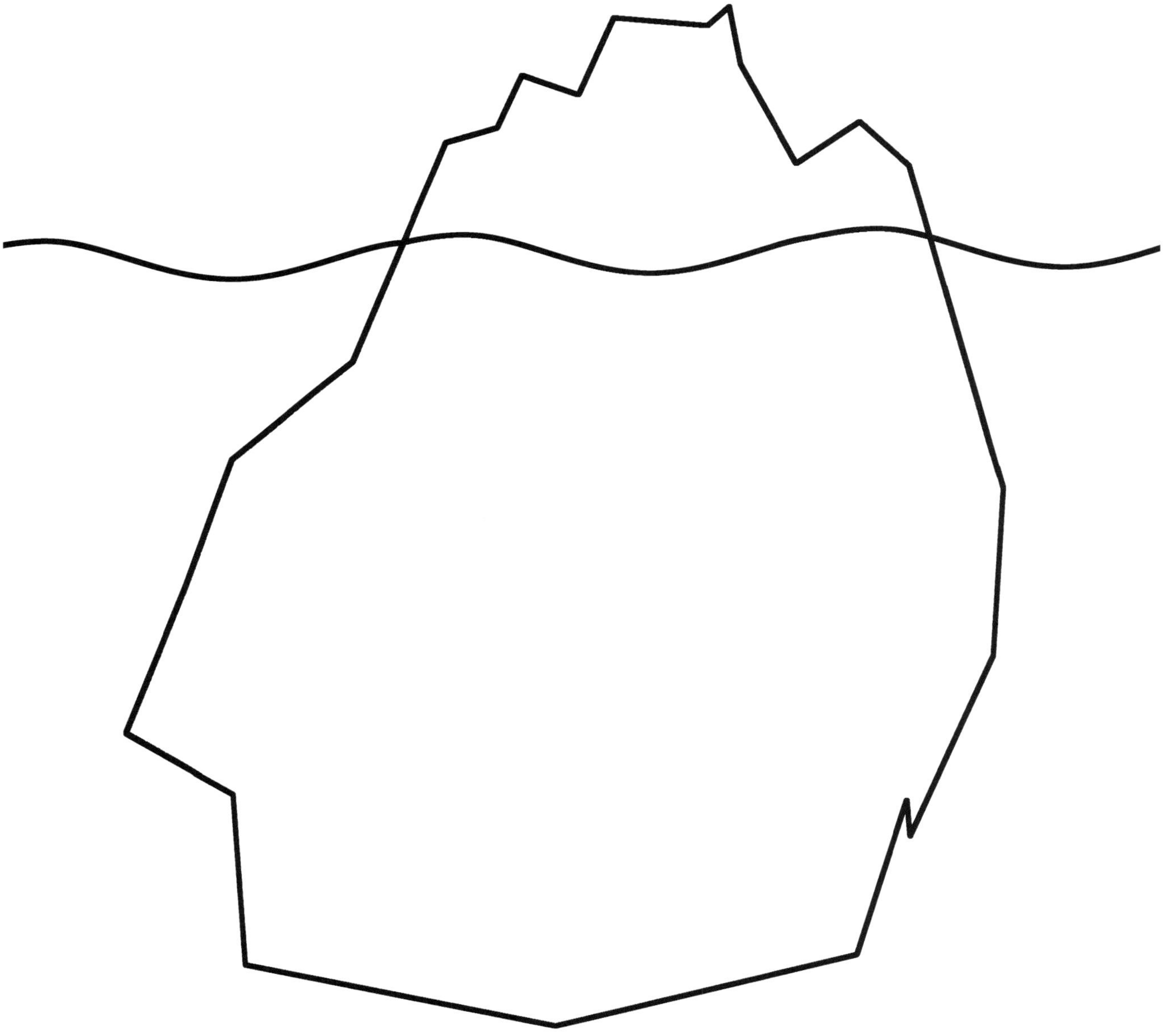

© Verlag an der Ruhr | Autorin: Antonia Klein | ISBN 978-3-8346-2780-3 | www.verlagruhr.de

Konfliktfähigkeit __2/2

„Sei Hase!“

Kennst du die Geschichte von dem Bären, von dem man munkelt, er würde im Wald alle Tiere umbringen? Eines Tages erzählt man sich, dass der Bär im Wald alle Tiere umbringt. Also versammeln sich die Tiere des Waldes, um sich zu besprechen. Da sagt der Eber: „Ich geh mal zum Bären und frage, was da los ist.“ Der Eber geht also zum Bären und fragt: „Bär, steh ich auf deiner Liste?“ Der Bär schaut auf seine Liste und sagt: „Ja, du stehst auf meiner Liste.“ Zack, ist der Eber tot. Am nächsten Tag sagt der Hirsch: „Das kann ja nicht sein, dass der Bär hier alle Tiere umbringt, ich geh mal da hin, ich habe ja schließlich ein großes Geweih.“ Der Hirsch geht zum Bären und fragt: „Bär, steh ich auf deiner Liste?“ Der Bär schaut auf seine Liste und sagt: „Ja, du stehst auf meiner Liste.“ Zack, ist der Hirsch tot. Am nächsten Tag versammeln sich wieder alle Tiere des Waldes, um sich zu besprechen. Da fiepst der Hase: „Passt mal auf. Jetzt gehe ich da hin. Und wenn ich nicht wiederkomme, dann wisst ihr ja Bescheid, dass da keiner mehr von euch hinzugehen braucht.“ Also nimmt der Hase seinen ganzen Mut zusammen und geht zum Bären und fragt: „Bär, steh ich auf deiner Liste?“ Der Bär schaut auf die Liste und sagt: „Ja, du stehst auf meiner Liste.“ Da fragt der Hase: „Kannst du mich bitte streichen?“ „Ist kein Problem“, sagt der Bär und streicht ihn von der Liste.

— überlieferte Geschichte, Autor unbekannt

Fällt dir eine Situation ein, in der es helfen könnte, den Konflikt einfach anzusprechen?

....

....

Was könnte schlimmstenfalls passieren?

....

....

Was könnte im Idealfall passieren?

....

....

Konfliktfähigkeit

SAG-ES-Formel

Es gibt eine wunderbare Formel, die du immer anwenden kannst, wenn du einen Konflikt mit jemandem hast. Es ist die „SAG-ES-Formel", die auf den Konflikttrainer Thomas Schmidt zurückgeht. Sie beinhaltet viele lösungsorientierte Aspekte.

Nun bist du dran! Suche dir in Gedanken einen Konfliktpartner, also jemanden, mit dem du momentan oder immer mal wieder einen Konflikt hast. Überlege, was du dieser Person gern sagen möchtest. Schreibe dann entlang der SAG-ES-Formel deinen Dialog:

S (eigene **S**ichtweise)
Mir ist aufgefallen, dass ...

....

....

....

A (**A**uswirkungen)
Für mich bedeutet das ...

....

....

....

G (**G**efühle)
Ich fühle mich ...

....

....

....

E (**E**inwände erfragen)
Wie siehst du das denn? (Hier könntest du dir überlegen, was dein Konfliktpartner antworten würde.)

....

....

....

S (**S**chlussfolgerung)
Ich wünsche mir ...

....

....

....

Konzentration

Konzentration ist – in Abgrenzung zur Achtsamkeit – die Fokussierung auf eine Sache. Die Aufmerksamkeit weitet sich nicht, sondern verengt sich. Konzentration ist unabhängig von der Intelligenz eines Menschen zu betrachten und kann nicht „wettgemacht" werden.

Dies kann jemandem mit viel Potenzial zum Verhängnis werden, denn was nützt das größte Talent ohne die Fähigkeit, es konzentriert ausbauen zu können? Um zielgerichtet auf etwas hinarbeiten zu können, ist Konzentration unabdingbar. Oft passieren viele Dinge um uns herum parallel und es fällt schwer, sich zu konzentrieren: Telefonklingeln, Gespräche, eingehende Nachrichten auf dem Handy, laute Musik oder andere Geräusche sind „Störungsquellen". Die Fähigkeit, sich zu konzentrieren, ist in Zeiten der Ablenkung und Reizüberflutung umso wichtiger, wenn es darum geht, etwas vertieft zu be- oder erarbeiten. Dies gilt nicht nur für Prüfungsvorbereitungen in Schule und Beruf, sondern auch für das spätere Berufsleben.

Konzentrationsfähigkeit lässt sich hervorragend spielerisch trainieren. In den Medien finden Sie zahlreiche Spiele und Übungen, die sich für die Arbeit mit Jugendlichen einsetzen lassen. Sie können diese auch immer mal wieder zwischendurch einfließen lassen.

Folgende Fragestellungen können für einen Gesprächseinstieg hilfreich sein:

- Fällt es euch schwer, euch zu konzentrieren?
- Woran merkt ihr, dass ihr konzentriert seid?
- Wann oder wobei fällt es euch leicht, euch zu konzentrieren? Woran liegt das?
- Wofür benötigt ihr Konzentration für das spätere Leben?

Ausdauer, Disziplin, Entspannungskompetenz, Planungs- und Organisationskompetenz, Zeitmanagement

Konzentration

Im Folgenden finden Sie zwei Kreisspiele, welche die Konzentration spielerisch trainieren. Vielleicht kennen Sie noch andere Spiele dieser Art?

Ziel:	Konzentration spielerisch in der Gruppe trainieren
Raum:	ausreichend Platz für einen Stuhlkreis
Zeit:	10 bis 15 Minuten

Wortkette

Durchführung: Der erste Teilnehmer sagt ein Wort, welches aus zwei Teilen besteht, z. B. „Pizza-teig". Der nächste greift den letzten Teil auf und bildet daraus ein neues Wort, z. B. „Teig-rolle".
So geht es reihum.

Ich packe meinen Koffer ...

Durchführung: Dieses Spiel ist ein Klassiker, der bekannt sein dürfte. Der erste Mitspieler fängt an und sagt: „Ich packe meinen Koffer und nehme mit ...". Der nächste wiederholt den Satz und den Kofferinhalt des Vorgängers und packt ebenfalls etwas dazu. Je größer die Runde ist, desto schwieriger wird es, alles zu behalten, was in den Koffer gepackt wurde. Wer vergisst, etwas aufzuzählen, scheidet aus.

Streichhölzer stapeln

Ziel:	Konzentration und Geduld trainieren
Material:	leere Glasflaschen und Streichhölzer
Raum:	ausreichend Platz für Kleingruppen an Tischen
Zeit:	15 bis 20 Minuten

Durchführung: Bilden Sie Kleingruppen mit bis zu fünf Personen. Jede Gruppe bekommt eine leere Glasflasche und eine Packung Streichhölzer. Die Gruppe hat nun die Aufgabe, in einem Zeitraum von fünf Minuten einen möglichst hohen Turm aus Streichhölzern auf dem Flaschenhals zu stapeln. Dafür wird nacheinander von allen Gruppenmitgliedern je ein Streichholz gestapelt. Fallen alle Streichhölzer runter, fängt derjenige neu an, der den Turm zu Fall gebracht hat. Gewonnen hat die Gruppe, die zum Ende hin die wenigsten Streichhölzer übrig hat.

Reflexion: Ist es euch schwergefallen, den Turm zu bauen?
Was war dabei anspruchsvoll?

Konzentration

Fokussierung

Teste deine Konzentrationsfähigkeit, indem du das Mandala ausmalst.

Hattest du das Gefühl, dass du dich stark konzentrieren musstest?
Ist es dir schwergefallen, dich zu konzentrieren?
Was brauchst du, um dich konzentrieren zu können?

Konzentration

Mein Trainingsplan

Suche dir zunächst eine Aufgabe, bei der es dir schwerfällt, dich zu konzentrieren, z. B. Unterlagen sortieren, Hausaufgaben machen oder etwas lesen.
Nimm dir vor, 10 Minuten konzentriert durchzuhalten.
Stelle dir einen Wecker. Das Ganze steigerst du beim nächsten Mal auf 12 Minuten. Jedes weitere Mal erhöhst du die Zeit um 2 Minuten. Du kannst dir auch ein Ziel setzen, z. B. 60 Minuten konzentriertes Arbeiten.
Um dich zu motivieren, überlege dir eine Belohnung!

Darauf möchte ich mich besser und länger konzentrieren:

....

....

Mein Ziel in Zeit ausgedrückt:

....

Damit belohne ich mich:

....

....

Folgende kleine Übungen kannst du auch prima im Alltag anwenden, um deine Konzentrationsfähigkeit zu trainieren und zu steigern:

- Schreibe zunächst deinen Namen rückwärts und bilde im nächsten Schritt weitere Wörter, sodass ganze Sätze entstehen.
- Wenn du einen Bericht im Radio oder Fernsehen hörst, versuche, das Wörtchen „und" zu zählen.
- Zähle deine Schritte beim Gehen.
- Das regelmäßige Auswendiglernen von Vokabeln, Gedichten oder Lerninhalten trägt auch zur Steigerung der Konzentration bei. Nutze dafür Karteikärtchen und lerne immer dann, wenn es für dich passt. Auch kurze Zeitabschnitte sind dafür geeignet, z. B. eine Busfahrt oder die Wartezeit an einer Haltestelle.

Kreativität

Kreativität kommt aus dem Lateinischen („creare“) und bedeutet „hervorbringen, schaffen, erschaffen und zeugen“. Schöpferisch tätig zu sein, funktioniert jedoch nicht auf Knopfdruck. Wird Kreativität mit einem Leistungsgedanken verbunden, ist sie oft zum Scheitern verurteilt. Daher geht es bei allen Kreativitätstechniken darum, den Blick zunächst vom eigentlichen Problem wegzulenken oder durch ungewöhnliche Ansätze gewohnte Denkmuster zu durchbrechen.

„Ich bin doch gar nicht kreativ!“ oder „Ich kann nicht malen!“ Diese Aussagen hört man sowohl von Jugendlichen als auch von Erwachsenen. Kreativität ist ein Ausdruck eines gesunden Selbstvertrauens. Auf der Basis unseres Wissens trauen wir uns zu, etwas Neues zu schaffen, aber auch, Scheitern als Chance zu begreifen. Dies ist eine Kombination, die im späteren Berufsleben immer wieder gefragt und von großem Nutzen für Projekte und Problemstellungen sein wird. Aber auch im Privatleben kann Kreativität bei der Bewältigung von Problemen helfen. Kreative Lösungsansätze sollten auch im Schulalltag eine Rolle spielen und den Schülern neben dem reinen Wissenserwerb Möglichkeiten bieten, in denen sie kreative Lösungen finden und anwenden können.

Folgende Fragestellungen können für einen Gesprächseinstieg hilfreich sein:

- Was verbindet ihr mit Kreativität?
- Haltet ihr euch für kreativ?
- Was braucht ihr, um kreativ zu sein?
- Wie geht es euch, wenn ihr kreativ seid?

Flexibilität, Problemlösekompetenz

Kreativität

Klopapierrolle trifft Serviette

Ziel: Bekanntes neu erschließen, gestalten, definieren
Material: für jeden eine Klopapierrolle und eine einfarbige Serviette
Zeit: je nach Gruppengröße 20 bis 30 Minuten für Einzelarbeit, 5 bis 15 Minuten für die Präsentation

Durchführung: Jeder bekommt eine Klopapierrolle und eine einfarbige Serviette. Die Jugendlichen haben nun die Aufgabe, in Einzelarbeit ein Objekt ihrer Wahl zu gestalten. Erlaubt ist die Nutzung von Stiften, einer Schere und Klebstoff. Alles ist möglich und erwünscht! Frei von Konventionen dürfen Klopapierrolle und Serviette im Zusammenspiel einen Namen oder eine neue Funktion darstellen und somit einen neuen – oder gar keinen Sinn – bekommen. Anschließend werden die Objekte der Gruppe vorgestellt.

Anmerkung: Natürlich ist es schwierig, „auf Kommando" kreativ zu sein, insbesondere dann, wenn der Kontext einen disziplinarischen Charakter wie Schule hat. Daher sollten Sie in diesem Fall im Vorfeld für eine aufgelockerte Stimmung sorgen, indem Sie z. B. ein kurzes Spiel machen oder den Raum wechseln.

Gruppengemälde

Ziel: gemeinsam ein Kunstwerk schaffen
Material: große Papierbögen (DIN A0), Stifte und/oder Farben
Raum: ausreichend Platz für Kleingruppenarbeit
Zeit: 20 bis 30 Minuten

Durchführung: Bilden Sie Kleingruppen mit vier bis sechs Personen. Jede Gruppe bekommt den Auftrag, ein gemeinsames Bild zu malen. Es darf dabei nicht gesprochen werden! Es entsteht also im gemeinsamen Prozess ein Bild, dessen Erstellung Achtsamkeit, Rücksichtnahme auf die anderen, Initiative, Flexibilität und Kreativität bedarf.

Reflexion: Wie war das gemeinsame Malen? Ist es euch schwergefallen, im Team zu arbeiten? War die Teamarbeit eher hinderlich oder förderlich für den Prozess? Seid ihr zufrieden mit eurem Werk?

Kreativität

Kreativer Kopf

Was verbindest du mit Kreativität?
Male Metaphern für Kreativität in den Bilderrahmen.

Wann bist du wie und wo kreativ?
Finde Beispiele für kreatives Schaffen aus deinem Lebensalltag und deiner Freizeit.

Kreativität

Wir sind kreativ!

Findet euch zu zweit zusammen und entscheidet euch für eine der beiden Aufgaben:

1. Malt und kreiert die ideale Schule!

Fangt am besten mit eurer Schule an: Was müsste in eurer Schule anders sein, um euren Vorstellungen zu entsprechen? Eurer Fantasie sind keine Grenzen gesetzt.
Lasst euch vorab inspirieren und geht einmal in Ruhe durch euer Schulgebäude. Was kommen euch für Assoziationen? Was würdet ihr am und im Gebäude verändern, an den Regeln, Angeboten, im Umgang miteinander, am Tagesablauf ...? Macht euch Notizen. Anschließend setzt ihr eure Ideen in einem gemeinsamen Bild oder einer Collage um.

2. Entwickelt ein Spiel!

Wählt eine Kategorie für euer Spiel aus:

- Bewegungsspiel
- Kreisspiel
- Strategiespiel

Nachdem ihr euch eine Kategorie überlegt habt, denkt euch ein Spiel aus. Dieses braucht natürlich einen Namen, Spielregeln und ein Ziel. Schreibt alles auf und verfasst eine Anleitung. Diese sollte alle wesentlichen Aspekte beinhalten. Anschließend erprobt ihr euer Spiel in der gesamten Gruppe. Viel Spaß!

Kritikfähigkeit

Kritikfähigkeit findet ihre Anwendung in der kritischen Beurteilung und Analyse von Situationen und Personen. Kritik äußern will gelernt sein: Viele Menschen neigen schnell zum „Verriss". Handelt es sich um die Beurteilung einer Situation oder eines Gegenstandes und ist nicht unmittelbar eine Person davon betroffen, kann Kritik auch erfrischend und aufklärend wirken.
Geht es hingegen um die Kritik an einer anderen Person, erfordert diese ein hohes Maß an Empathie und Charakterstärke. Hier gilt es zum einen, Kritik so zu äußern, dass sie nicht verletzend ist, und zum anderen für den Empfänger, diese nicht zu persönlich zu nehmen. Kritisiertes Verhalten wird oft als persönlicher Makel bewertet und kann sich auf den Selbstwert der kritisierten Person auswirken.

Jugendliche empfinden Kritik häufig als einen Angriff auf ihre Person und reagieren empfindlich, da ihr Selbstbewusstsein noch nicht gefestigt ist. Kritikfähigkeit zu üben, kann jedoch helfen, diese anzuwenden, anzunehmen und konstruktiv zu nutzen.
Eine regelmäßige Anwendung von Feedbackmethoden, wie z. B. der „SAG-ES-Formel" (S. 73) oder dem „Feedback-Burger" (S. 85), kann daher nicht schaden und Ängste abbauen. Sie können mit den Jugendlichen auch eigene Feedbackregeln aufstellen.

Folgende Fragestellungen können für einen Gesprächseinstieg hilfreich sein:

- Seid ihr kritikfähig?
- Was ist zu beachten, wenn man Kritik äußert?
- Wozu dient Kritik?
- Kann man auf Kritik verzichten?

Empathie, Entscheidungskompetenz, Kommunikationsfähigkeit, Konfliktfähigkeit, Reflexionsvermögen, Wertschätzung

Kritikfähigkeit

Die SWOT-Analyse (auch: Stärken-Schwächen-Analyse) dient zur systematischen Betrachtung von Produkten, Prozessen, Teams, Unternehmen und anderen zu analysierenden Objekten, um Probleme lösen und Chancen nutzen zu können. Sie wird im Rahmen von Strategie-Entwicklungsprozessen eingesetzt. Wichtig ist eine Zielsetzung. Die SWOT-Analyse kann als Beispiel für eine konstruktive Kritik dienen.

Die vier Buchstaben „SWOT" stehen für:

S = Strengths (Stärken)	W = Weaknesses (Schwächen)
O = Opportunities (Möglichkeiten)	T = Threats (Risiken)

Ziel: kritische Analyse einer Situation mithilfe einer Struktur, konstruktive Kritik äußern üben

Zeit: 20 bis 30 Minuten

Durchführung: Malen Sie die SWOT-Analyse auf und besprechen Sie anhand dessen eine Situation oder Handlung mit den Jugendlichen. So könnten Sie z. B. die Durchführung eines anstehenden Ausflugs oder einer eher banalen Situation, wie die Anschaffung eines Kleidungsstücks, besprechen. Schreiben Sie die Ergebnisse in die jeweiligen Quadrate und ziehen Sie gemeinsam ein Fazit.

Anmerkung: An diese Übung lässt sich prima das Tetralemma für einen Entscheidungsprozess anschließen.

Kritikfähigkeit

Jede Medaille hat zwei Seiten

Kritik sollte stets mit einem positiven Kommentar kombiniert werden. Denn wenn es eine „dunkle“ Seite gibt, dann gibt es auch eine „helle“, eine glänzende Seite. Ohne das eine könnte das andere nicht sein und das ist auch gut so.

Übe dich im Folgenden in Selbstkritik und fülle zunächst die dunkle Seite der Medaille und dann die helle Seite aus. Achte dabei darauf, beide Seiten möglichst gleichmäßig zu befüllen.

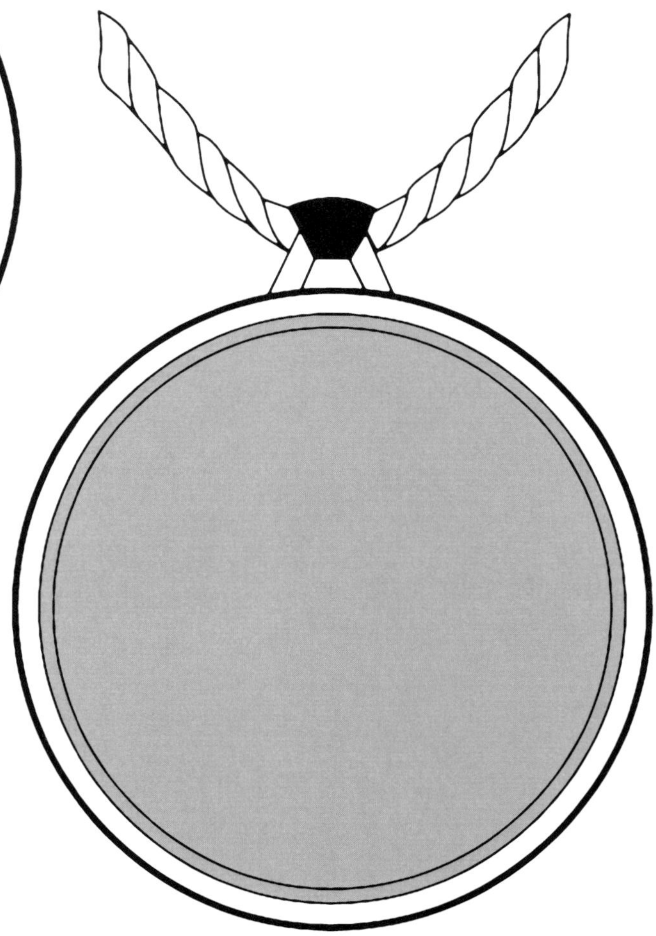

Welche Seite ist dir leichter, welche schwerer gefallen?

Kritikfähigkeit

Der Feedback-Burger

Unten stehend siehst du den Feedback-Burger abgebildet.
Du kannst ihn als Orientierung nehmen, um ein Feedback zu geben:

Warum soll zu Beginn und am Ende gelobt werden?

Gib einer Person deiner Wahl mithilfe des Feedback-Burgers ein Feedback zu einer Handlung.

Lob:

Kritik:

Lob:

© Verlag an der Ruhr | Autorin: Antonia Klein | ISBN 978-3-8346-2780-3 | www.verlagruhr.de

Motivation

Wenn wir von Motivation sprechen, unterscheiden wir zwischen extrinsischer und intrinsischer Motivation. Extrinsische Motivation bezieht sich auf ein von außen erzeugtes Verhalten, z. B. Bezahlung für eine Handlung. Eine intrinsisch motivierte Person tut etwas freiwillig und zur Selbstverwirklichung aus sich selbst heraus. Rein intrinsisch motivierte Tätigkeiten sind z. B. im Ehrenamt zu finden. Es ist erwiesen, dass intrinsische Motivation tragfähiger und dauerhafter ist als extrinsische.

Häufig wird von einer hierarchischen Organisation menschlicher Motivation ausgegangen, wie wir sie auch in der Maslowschen Bedürfnispyramide wiederfinden. Abraham Maslow geht davon aus, dass zunächst grundlegende physiologische und sicherheitsschaffende Bedürfnisse erfüllt sein müssen, bevor sich der Mensch mit sozialen Beziehungen und selbstverwirklichenden Tätigkeiten befasst.

Intrinsische Motivation ist entscheidend dafür, ob ein Jugendlicher Leistung erbringt, Ausdauer zeigt und Disziplin entwickelt. Sie ist der Schlüssel für den eigenen Antrieb. Dabei sollte die Fragestellung nicht danach gestellt werden, was motiviert, sondern vielmehr danach, was „demotiviert". Denn der Mensch ist von Grund auf motiviert.

Zu wissen, welchen Sinn eine Tätigkeit hat, kann ein wichtiger Motivator sein.

Folgende Fragestellungen können für einen Gesprächseinstieg hilfreich sein:

- Was ist Motivation?
- Was motiviert euch?
- Was demotiviert euch?
- Wie motiviert ihr euch selbst?
- Wo fehlt es euch an Motivation?

Disziplin, Eigenverantwortung, Reflexionsvermögen

Motivation

Das Belohnungsexperiment

Ziel: Belohnung als Motivator erfahren
Material: etwas Süßes als Belohnung
Zeit: 10 bis 20 Minuten (je nach Aufgabenstellung)

Durchführung: Wagen Sie ein Experiment und vergeben Sie zwei kleine Aufgaben an jeweils eine Hälfte der Gruppe. Versprechen Sie der einen Gruppe eine Belohnung und halten Sie es bei der anderen Gruppe offen. Sie müssen das nicht begründen. Sind die Aufgaben beendet, reflektieren Sie die Situation und belohnen beide Gruppen!

Reflexion: Wie habt ihr euch mit und ohne Aussicht auf Belohnung bei der Erfüllung der Aufgabe gefühlt? Welche Funktion hatte die Belohnung? Wie hat sich diese (bzw. das Offenlassen) auf die Erledigung der Aufgabe ausgewirkt?

Anmerkung: Eine anschließende Reflexion ist hier unabdingbar! Diese Übung funktioniert am besten, wenn Sie die Gruppe ganz unbedarft und unvorbereitet damit konfrontieren.

Was (de-)motiviert mich, morgens aufzustehen?

Ziel: Nutzen und Stärken eines Netzwerkes aufzeigen
Material: Tafel, Flipchart o. Ä.
Zeit: 15 bis 20 Minuten

Durchführung: Fragen Sie die Jugendlichen, welche Faktoren sie motivieren, morgens aufzustehen und welche sie demotivieren. Fertigen Sie eine Pro- und eine Kontra-Liste an. Als Antworten werden sicherlich Faktoren wie Weiterschlafen, leckeres Frühstück, Neugierde, Unlust etc. kommen. Erklären Sie nun den Unterschied zwischen intrinsischer und extrinsischer Motivation und lassen Sie die Gründe zuordnen.

Reflexion: Wie könnt ihr euch selbst motivieren? Welche Faktoren motivieren euch stärker? Kann man extrinsische Motivation in intrinsische umwandeln?

Motivation

Meine Bedürfnispyramide

Die sogenannte Maslowsche Bedürfnispyramide wird oft benutzt, um die Motivation des Menschen zu erkunden, und beschreibt eine Gewichtung von Bedürfnissen. Maslow ordnet die Bedürfnisse fünf Stufen zu: Die erste Stufe beschreibt die Erfüllung menschlicher **Grundbedürfnisse**, wie Schlafen, Essen und Trinken. Die nächste Stufe nimmt das **Sicherheitsbedürfnis** in den Blick: Dabei geht es um die Erfüllung von materieller Sicherheit, aber auch darum, dass der Mensch das Bekannte dem Unbekannten, Neuen oft vorzieht. Sind diese Bedürfnisse befriedigt, treten **Soziale Bedürfnisse** in den Vordergrund. Der Mensch sucht soziale Kontakte und versucht, seine soziale Rolle zu erfüllen. Auf der vierten Stufe folgt dann der Wunsch nach Wertschätzung und Anerkennung. Hierzu zählen **Ich-Bedürfnisse** wie Macht und Einfluss sammeln sowie Ansehen erlangen. **Selbstverwirklichung** bildet die Spitze der Pyramide. Bei ihr steht die Entwicklung der eigenen Persönlichkeit im Vordergrund.

Fülle die leere Pyramide mit deinen Bedürfnissen und Vorlieben und orientiere dich dabei an den oben genannten fünf Kategorien. Du wirst feststellen, je spitzer die Pyramide wird, desto individueller werden deine Bedürfnisse.

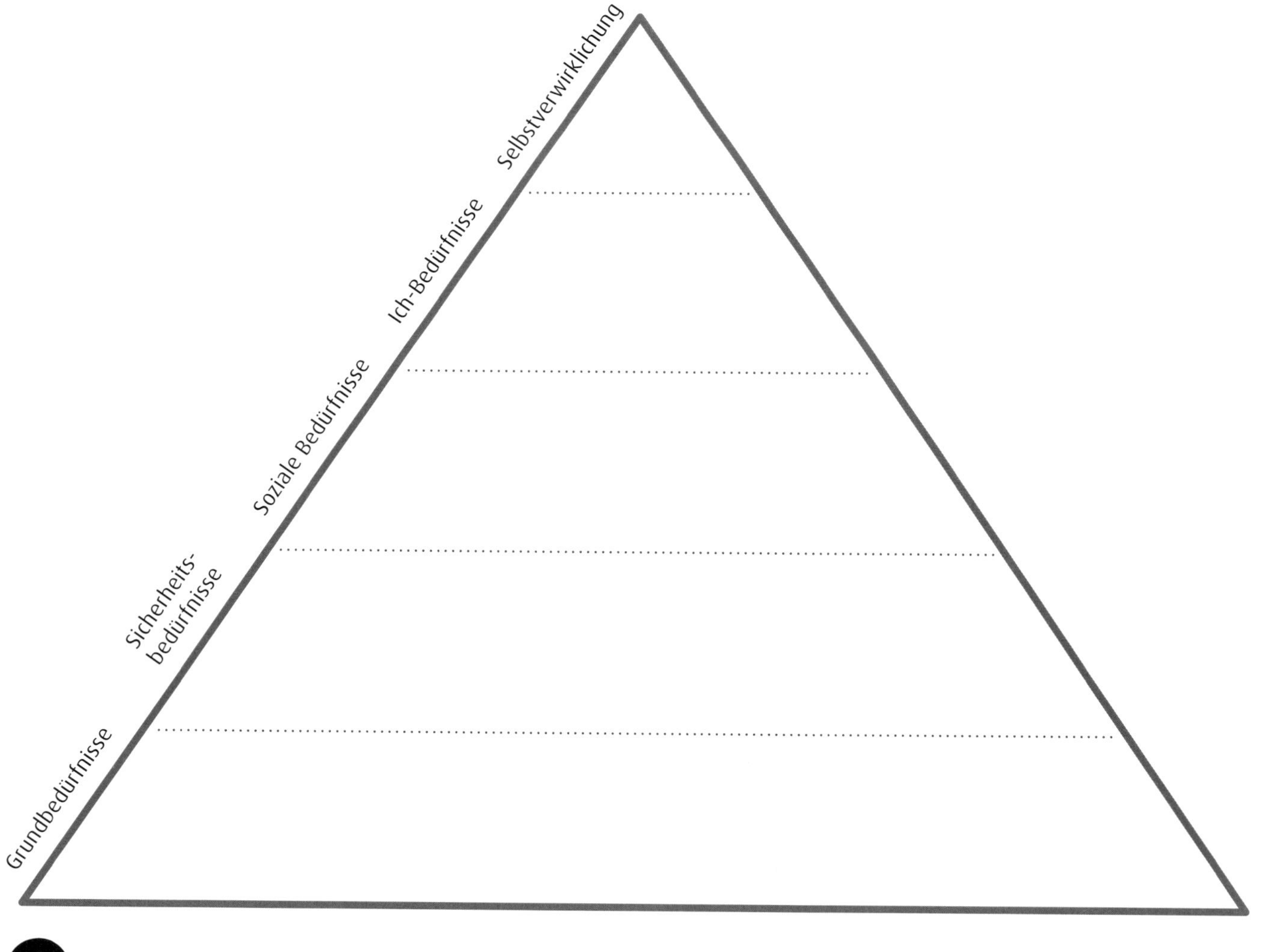

Motivation

Mein Lernanker

Überlege dir im Folgenden, warum du zur Schule gehst bzw. lernst. Du darfst zwei Lernanker ankreuzen, die dich motivieren. Begründe deine Wahl.

- Ich möchte etwas lernen, um mir Wissen anzueignen.
- Ich lerne, um erwachsen und unabhängig sein zu können.
- Lernen gehört zu meinem Lebensstil.
- Lernen ist für mich eine Herausforderung.
- Ich lerne für andere.
- Ich lerne, um später meinen Lebensunterhalt finanzieren zu können.
- Ich lerne, um das Wissen anzuwenden.
- Ich lerne, weil ich später ein eigenes Unternehmen gründen möchte.
- Ich lerne, weil ich muss.

— in Anlehnung an Schein, 1978

Konntest du einen Lernanker finden und hattest die Qual der Wahl oder war kein passender für dich dabei? Hat ein Anker gefehlt? Wenn ja, welcher? Wie beurteilst du selbst dein Ergebnis? Sind deine Lernanker eher extrinsisch oder intrinsisch?

Netzwerken

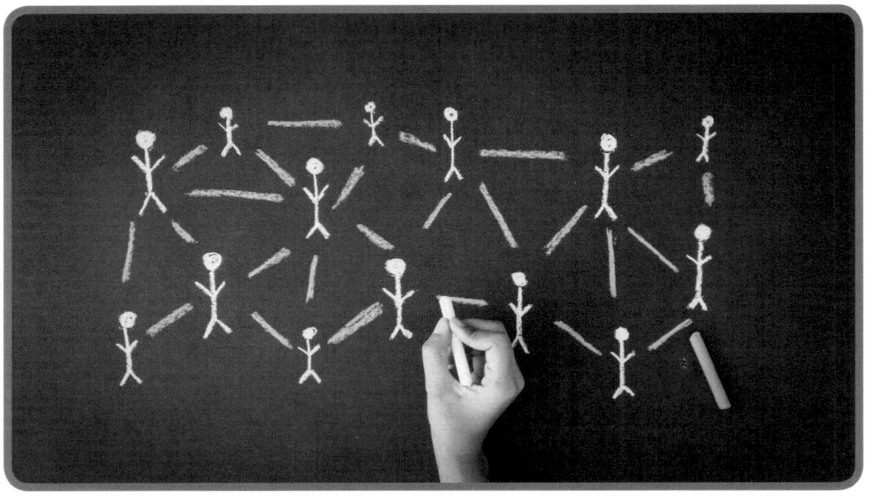

Jeder von uns braucht ein Netzwerk. Ein Netzwerk ist wie eine Dorfgemeinschaft, in der jeder den anderen mit seinen zur Verfügung stehenden Möglichkeiten und Fähigkeiten unterstützt. Netzwerke sind auch praktisch, denn wenn ich ein gutes Netzwerk habe, muss ich nicht alles allein machen und können. Netzwerke gab es schon immer und aus der guten, alten Dorfgemeinschaft sind neue und weitere Formen entstanden. Diese finden sich in Verbänden, Initiativen, Vereinen und im Wirtschaftssektor, aber auch in medialer Form, z. B. bei Facebook, Twitter, Xing oder Stayfriends. Veranstaltungen bieten auch Plattformen für das Netzwerken. Auf Messen werden beispielsweise erste Kontakte für spätere Geschäfte geknüpft. Es gibt auch Veranstaltungen, die das Netzwerken in den Vordergrund rücken, wie z. B. Businessevents oder Singlereisen. Netzwerke können jedoch auch kontraproduktiv sein, wenn es an Struktur und Steuerung fehlt. Zudem werden durch die zunehmende Vernetzung Persönlichkeitsrechte nicht immer gewahrt. Das Thema „Netzwerken" bietet sich daher auch an, um die derzeitige und immer wieder aufkeimende Diskussion um Datenschutz aufzugreifen und kritisch zu hinterfragen.

Folgende Fragestellungen können für einen Gesprächseinstieg hilfreich sein:

- Welche Erfahrungen hast du mit Netzwerken?
- Welche Vorteile haben Netzwerke?
- Welche Nachteile haben Netzwerke?
- Warum sind Netzwerke wichtig?
- Wann können Netzwerke schaden?

Höflichkeit, Informationsmanagement, Teamfähigkeit

Netzwerken

Kontakte knüpfen, ein Netz spinnen

Ziel: Nutzen und Stärken eines Netzwerkes aufzeigen
Material: ein Knäuel feste und dicke Wolle
Raum: ausreichend Platz für einen Kreis
Zeit: 10 bis 15 Minuten

Durchführung: Alle Jugendlichen stehen im Kreis. Einer hat ein Wollknäuel in der Hand und wirft dieses einem anderen zu. Bevor er wirft, nennt er eine Eigenschaft bzw. Fähigkeit, die diesen Jugendlichen auszeichnet (z. B. kann gut zuhören, kann gut Witze erzählen, ist super in Mathe, ist sportlich, ist hilfsbereit) und welche er gut gebrauchen könnte. Nach und nach ergibt sich ein Spinnennetz, welches bildhaft verdeutlicht, dass ein Netzwerk eine verbindende und stützende Funktion haben kann. Nebenbei wird auch noch der Teamgeist des Klassenverbandes gestärkt.

Mutter, Mutter, wir haben einen Knoten!

Ziel: Schwächen und Nachteile eines Netzwerks
Raum: ausreichend Platz für einen Kreis
Zeit: 10 bis 15 Minuten

Durchführung: Zwei Jugendliche werden gebeten, aus dem Raum zu gehen. Die anderen stehen im Kreis. Nun reichen sich zunächst alle die Hände und fangen anschließend an, sich zu verknoten, indem sich Einzelne drehen, über die Arme der anderen steigen oder – soweit es geht – unter die Beine eines anderen krabbeln. Wenn die Gruppe sich ausreichend verknotet hat, ruft sie: „Mutter, Mutter, wir haben einen Knoten“. Die zwei Jugendlichen kommen nun rein und versuchen, den Knoten zu lösen – natürlich ohne körperliche Gewalt.

Reflexion: Wie hat sich das angefühlt, verknotet zu sein? Wann kann ein Netzwerk sich verknoten? Was braucht es, damit das nicht passiert? Wie viel Freiraum bzw. Entwicklungsmöglichkeiten bleiben jedem Einzelnen?

Anmerkung: So kann das Gefühl, sich eingeengt zu fühlen, aufzeigen, wie die zunehmende Vernetzung zur Kontrolle und Grenzüberschreitung werden kann, insbesondere dann, wenn persönliche Daten, wie z. B. bei Facebook ausgetauscht werden.

Netzwerken

Mein Netzwerk

Zeichne in das unten stehende Spinnennetz deine dich umgebenden Mitmenschen ein.
Wie weit sind sie von dir entfernt? Wie stehen sie zueinander?
Hast du verschiedene Netzgemeinschaften (Familie, Freundeskreis, Verein)?

Gefällt dir dein Netzwerk? Würdest du gern etwas ändern?

Netzwerken

Netzwerke in meinem Lebensalltag

Jetzt weißt du, wie ein Netzwerk funktioniert. Ein Netzwerk muss nicht immer besonders groß sein – manchmal reicht es auch, wenn du ein oder zwei Ansprechpartner hast. Ein Netzwerk hat eine (unter)stützende Funktion. Dieses betrifft nicht nur deine Freizeitgestaltung, wie Hobbys, Sport, Hausaufgaben oder Nachhilfe, sondern auch Kummer, Sorgen und freudige Ereignisse sowie deine Zukunftsplanung.

Überlege im Folgenden, in welchen Lebensbereichen oder bei welchen Problemlagen du welche Personen ansprechen kannst – auch die, die du bis jetzt noch nicht in Betracht gezogen hast.

....

....

....

....

....

....

Welches Netzwerk würdest du gern spontan gründen? Denke dir einen Namen dafür aus und beschreibe kurz die Ziele und den Zweck des Netzwerks.

....

....

....

Ergänze abschließend folgende Sätze:

Ein Netzwerk ist dann erfolgreich, wenn ...

....

In meiner Schule gibt es folgende Netzwerke:

....

Netzwerke finden sich auch im späteren Berufsleben, z. B. ...

....

Ordnungssinn

Ordnung strukturiert unseren Lebensalltag und bietet Überblick und Klarheit. Ein geordneter Mensch arbeitet zielstrebig und effizient, da er keine Zeit dafür aufwenden muss, nach Dingen zu suchen oder aufzuräumen, bevor er starten kann. Ordnung bedeutet auch, sich von Altlasten zu befreien und regelmäßig „auszumisten". Das fällt vielen Menschen schwer, kann aber auch wie ein Befreiungsschlag wirken und Platz für Neues schaffen.

Ein ordentliches Umfeld kann sich positiv auf uns auswirken, genauso wie ein unordentliches Zimmer Unruhe und Orientierungslosigkeit auslösen kann.

Letztendlich ist es immer eine Spiegelung, wie wir unsere Umgebung ordnen. Es ist die „Sprache" unserer Gestaltungsräume und diese wirkt natürlich auch auf andere.

Insbesondere für den Schul- und den späteren Arbeitsalltag bedeutet Ordnung vor allen Dingen eine immense Zeiterleichterung. Wenn alle Sachen am richtigen Platz sind, laufen die Arbeitsvorgänge flüssig ab. Wenn alles erst gesucht werden muss, geht wertvolle Zeit und Konzentration verloren. Das Maß von Ordnung bestimmt letztendlich jeder Mensch selbst. Erfahrungsgemäß wird dieses durch die Veranlagung festgelegt. Ein unordentlicher Mensch wird es nie ganz schaffen, seine Unordnung abzulegen, ebenso wie ein ordentlicher Mensch sich nicht mit großer Unordnung anfreunden wird.

Folgende Fragestellungen können für einen Gesprächseinstieg hilfreich sein:

- Wie wichtig ist für euch Ordnung?
- Wie setzt ihr Ordnung um?
- Was sind die Vorteile von Ordnung?
- Was sind die Nachteile von Ordnung?

Informationsmanagement, Planungs- und Organisationskompetenz, Zeitmanagement

Ordnungssinn

Für mich bedeutet Ordnung ...

Vorbereitung: Jeder schreibt im Vorfeld auf eine Karte, was für ihn Ordnung bedeutet, und verdeutlicht dieses an einem Beispiel.
Ziel: unterschiedliche Vorstellungen und Bewertungen von Ordnung aufzeigen und diskutieren
Material: Karten oder Zettel, Stifte, Ball
Raum: ausreichend Platz für einen Stuhlkreis
Zeit: 20 bis 30 Minuten

Durchführung: Alle sitzen im Kreis. Einer bekommt den Ball und fängt an: „Ordnung bedeutet für mich ..." und liest nach der Definition das Beispiel vor. Dann bekommt der Nächste den Ball zugeworfen. Danach werden alle Karten in die Mitte gelegt. Jeder darf sich nun eine Karte eines anderen nehmen.

Reflexion: Was löst das Geschriebene für Gedanken und Gefühle aus? Entspricht es deiner Vorstellung von Ordnung? Was müsstest du verändern, wenn du das Ordnungsverständnis der fremden Karte umsetzen würdest?

Alle in einer Reihe

Ziel: erkennen, dass Ordnung Struktur ermöglicht und ersichtlichen Gesetzmäßigkeiten unterliegen sollte
Raum: ausreichend Platz, um sich als Gruppe nebeneinander zu stellen
Zeit: 10 bis 15 Minuten

Durchführung: Bitten Sie die Jugendlichen, sich in einer Reihe nebeneinander aufzustellen. Nun haben alle die Aufgabe, sich nach Größe von links nach rechts zu sortieren. Anschließend sortieren sich alle nach Alter. Jetzt ist die Gruppe dran. Welche Möglichkeiten der Sortierung gibt es noch?

Reflexion: Was sollte man bei der Einführung eines Ordnungssystems beachten?

Ordnungssinn

Ordnung ist das halbe Leben

Überlege, wie du zu Hause in deinem Zimmer, Kleiderschrank, Schreibtisch oder deiner Tasche Ordnung schaffen kannst, und wende dafür die „3-W-Technik" an.
Was kannst du ...
1. wegwerfen?
2. weitergeben?
3. weiternutzen?

Unterstützende Fragen:

- Brauche ich das wirklich? → Nein? → Dann weg damit!
- Erleichtert es mir den Alltag? → Nein? → Dann weg damit!
- Macht es mich glücklich? → Ja? → Dann darf es bleiben!

Tipp: „Sofort-Strategie"

Wenn du die Dinge sofort an den richtigen Platz bringst, z. B. die Jacke an die Garderobe oder das schmutzige Geschirr in die Spülmaschine, sparst du damit Zeit fürs Aufräumen und hast mit wenigen Handgriffen Ordnung hergestellt.

Tipp: „Wissen, was drin ist"

Fotografiere die Inhalte und klebe die Fotos auf die Behältnisse. Du kannst die Bilder auch bearbeiten oder coole Collagen erstellen. Welche Behältnisse fallen dir ein, die du zum Verstauen nutzen kannst?

Wie ist die Ordnung im Klassenraum? Was für Möglichkeiten fallen dir ein, dort Ordnung zu schaffen und dadurch Übersichtlichkeit herzustellen?

Ordnungssinn

Mein Zimmer

Wusstest du, dass Einbauküchen nach Laufstrecken und Arbeitsgängen konstruiert und geplant werden? Auch bei der Einrichtung von Büroarbeitsplätzen, Ladenlokalen, Lagern, Werkstätten, Musikstudios oder Ateliers macht es Sinn, dass alles an seinem Platz und in greifbarer Nähe ist.
Leute, die so etwas professionell planen, sind oft Innenarchitekten, die den praktischen Nutzen mit gestaltenden Elementen verbinden.
Jetzt bist du dein eigener Innenarchitekt!

Male auf einem Blatt einen Grundriss deines Zimmers auf. Trage alle Möbelstücke ein und schreibe die Dinge hinein, die dort ihren Platz finden, wie z. B. Bücher, Ordner, Spiele, Kleidung, Krimskrams, Schmuck und Accessoires. Überprüfe im zweiten Schritt, ob sich die Aufteilung und Gestaltung effizienter und auch schöner gestalten ließe. Benutze am besten einen Bleistift, damit du „hin- und herräumen" kannst.
Tipp: Du kannst die Möbel auch vorher aufzeichnen, ausschneiden und kannst sie so auf deinem Plan beliebig verschieben. Das Ergebnis sollte sein, dass du dein Zimmer sowohl praktisch als auch ansprechend eingerichtet hast.

Planungs- und Organisationskompetenz

Planungs- und Organisationskompetenz sind wesentliche Voraussetzungen für eigenständiges Arbeiten in Schule und Beruf. Aber auch für eine ausgewogene Work-Life-Balance können sie wertvolle Unterstützung leisten. Wer im Vorfeld plant und sich während der Organisation daran orientiert, arbeitet effizienter und zielführender. Daher lohnt es sich, im Vorfeld Zeit zu investieren, um sein Handeln steuern und überprüfen zu können.

Dies wird in der folgenden Geschichte deutlich, die Sie den Jugendlichen anstatt Fragestellungen zum Einstieg vorlesen können:

[...] Stell dir vor, dass du im Wald spazieren gehst und einen Mann siehst, der an einem Baum sägt und sich dabei völlig verausgabt. Du fragst ihn, was er da macht: „Ich säge einen Baum ab!", keucht er. „Wie lange dauert das denn schon?" „Vier Stunden, aber ich komme wirklich voran." Der Schweiß tropft ihm vom Kinn.
Du sagst: „Na ja, Ihre Säge sieht ganz stumpf aus. Weshalb legen Sie nicht eine Pause ein und schärfen sie?" „Das geht doch nicht, du Dummkopf. Ich muss doch sägen!"

— Quelle: Sean Covey: Die 7 Wege zur Effektivität für Jugendliche: ein Wegweiser für mehr Erfolg. Gabal 2007, S. 278

Im Folgenden sollen ein paar wesentliche Instrumente vorgestellt werden, die für die Planung und Organisation des Alltags der Jugendlichen nützlich sein können. Dabei gilt es, Prioritäten richtig zu setzen und danach handeln zu können.

Entscheidungskompetenz, Stressmanagement, Zeitmanagement

Planungs- und Organisationskompetenz

Erstellung einer Mindmap

Ziel:	Nutzen und Stärken von Planung und Organisation aufzeigen, eine Mindmap erstellen
Material:	Tafel oder Flipchart
Zeit:	30 bis 45 Minuten

Durchführung: Zeichnen Sie mit den Jugendlichen eine Mindmap zu einem selbst gewählten Thema, z. B.: „Ich plane meinen Geburtstag", oder nutzen sie diese direkt für die Umsetzung einer bevorstehenden Veranstaltung. Sammeln Sie die anstehenden Aufgaben und ordnen Sie diesen übergeordneten Kategorien zu. Nachdem in der Mindmap klargeworden ist, welche Dinge es zu tun gibt, kann der zeitliche Ablauf festgelegt werden. Sie können die Aufgaben und den Zeitplan auch in einer Mindmap integrieren.

Reflexion: Was ist der Vorteil einer Mindmap? Wann lässt sich eine Mindmap anwenden?

Und so könnte die Mindmap aussehen:

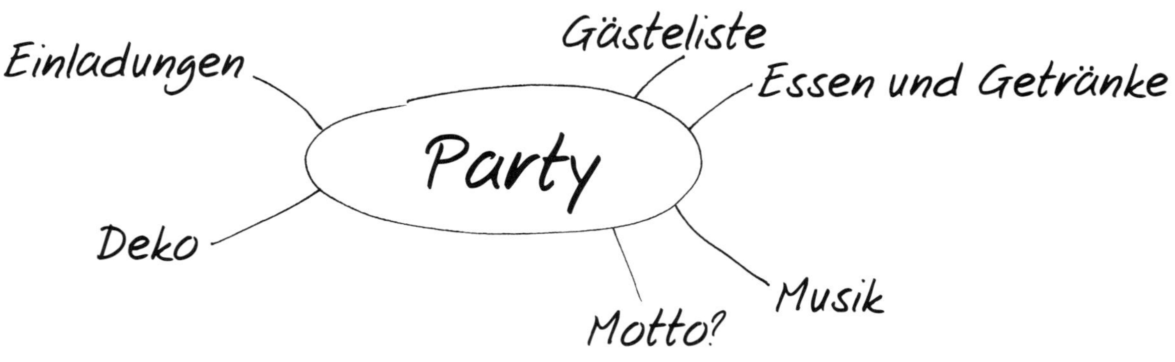

Zeitplan:

28.10. Gästeliste schreiben
Motto?
Mindmap

1.11. Einladungen fertig
6.11. Einladungen verschicken

1.12. Wer kommt?
3.12. Musik zusammenstellen
4.12. Einkaufen
5.12. Deko besorgen, Getränke kalt stellen
6.12. morgens: Essen zubereiten
abends: PARTY!

Planungs- und Organisationskompetenz

Prioritäten richtig setzen

Bevor man eine Aufgabe angeht, kann es helfen, die anstehenden Arbeitsschritte zu planen. Das hilft dabei, sich einen Überblick zu verschaffen, was alles getan werden muss. Das Pareto-Prinzip besagt, dass wir nur 20 % der Zeit dafür benötigen, um 80 % der Aufgaben zu erledigen. Die verbleibenden 20 % benötigen hingegen 80% der Gesamtzeit und verursachen die meiste Arbeit. Diese Zeitmanagement-Methode soll dabei helfen, das Verhältnis von aufgewendeter Zeit und Ergebnis zu verbessern.

Fallen dir Beispiele in deinem Alltag ein, bei denen du das Pareto-Prinzip einsetzen kannst?
In welchen Situationen kann es auch ungeeignet sein?

Im Folgenden findest du ein paar Planungsinstrumente, die dir auch im Rahmen des Pareto-Prinzips bei der Umsetzung von Aufgaben behilflich sein können.

Salamitechnik:
Du schreibst dir drei Aufgaben auf einen Zettel und arbeitest diese der Reihe nach – also scheibchenweise – ab.

Karteikarten:
Du schreibst alle zu erledigenden Aufgaben auf Karten und hängst sie der Dringlichkeit nach an eine Schnur. Nach Erledigung der Aufgaben nimmst du die Karten weg oder ordnest die Karten in einer neuen Reihenfolge an.

Liste:
Du schreibst eine Liste mit allen zu erledigenden Aufgaben und ordnest diese dann der Wichtigkeit nach an.

Welche Methode sagt dir am ehesten zu? Ist die Wahl der Methode von der jeweiligen Aufgabe abhängig?

Formuliere anhand eines Beispiels aus deinem Alltag ein Ziel, das du erreichen willst. Lege dann unterschiedliche Etappenziele fest. Achte auf eine realistische Zeiteinteilung und baue ggf. Zeitpuffer ein. Überprüfe nach Erledigung der Aufgabe, ob deine Zielformulierung und deine Etappenziele realistisch waren. Was hat gut geklappt? Was weniger? Was könntest du beim nächsten Mal verbessern? Wieso sind Ziele überhaupt wichtig?

© Verlag an der Ruhr | Autorin: Antonia Klein | ISBN 978-3-8346-2780-3 | www.verlagruhr.de

Planungs- und Organisationskompetenz

Eine Checkliste anfertigen

Bei einigen Aufgaben kann es Sinn machen, eine Checkliste anzufertigen.
Erstelle im Folgenden eine Checkliste für die Erledigung einer Aufgabe. Diese kann z. B. deine täglichen Aktivitäten aufführen, wie im Haushalt helfen, mit dem Hund gehen, Hausaufgaben machen usw. Oder du planst eine Reise und möchtest nichts Wichtiges im Gepäck vergessen. Vielleicht fällt dir auch ein ganz anderes Beispiel ein, für das das Erstellen einer Checkliste hilfreich sein kann.

Für welche Aufgabe hat dein Sitznachbar eine Checkliste angefertigt? Tauscht eure Checklisten aus und ergänzt eure Listen gegenseitig, wenn eurer Meinung nach etwas fehlt.

Präsentationsfähigkeit

Präsentationen sind in der Schule, im Studium und in der Ausbildung ein fester Bestandteil, um anderen Arbeitsergebnisse mitzuteilen oder über bestimmte Dinge zu informieren – die Themen von Präsentationen sind vielfältig. Üblich ist dabei oft ein Medieneinsatz.
Auch ein Vorstellungsgespräch ist in gewisser Weise eine Präsentation – die seiner eigenen Person.

Durch eine Präsentation wollen wir von einer neuen Idee überzeugen, etwas rechtfertigen oder zukünftige Entscheidungen beeinflussen.
Präsentation und Rhetorik werden gern in einem Atemzug genannt, da sie sich gegenseitig bedingen. Präsentation beinhaltet die Technik und die Aufbereitung des Themas, Rhetorik hingegen die Art der Vermittlung.

Folgende Fragestellungen können für einen Gesprächseinstieg hilfreich sein:

- Was ist eine Präsentation?
- Welche Formen der Präsentationen kennt ihr?
- Habt ihr schon einmal eine Präsentation erlebt, die euch beeindruckt hat?
- Was ist der Unterschied zwischen Rhetorik und Präsentation?
- Was macht eine gute Präsentation aus?

Rhetorik

Präsentationsfähigkeit

Präsentationen entwickeln

Ziel: ein Gefühl für Präsentationen bekommen
Raum: ausreichend Platz für Kleingruppen und eine Präsentation
Zeit: 10 bis 15 Minuten

Durchführung: Lassen Sie die Jugendlichen Kleingruppen bilden. In den Kleingruppen wird nun überlegt, was präsentiert werden soll. Was ist das Ziel? Geht es um eine Information oder gar eine Animation zum Verkauf? Wie soll präsentiert werden? Welche Medien werden dafür gebraucht? Nun wird die Präsentation als ein kleines Stück aufgeführt, in dessen Verlauf etwas präsentiert wird. Im Anschluss darf das Publikum das Stück mit der Stärke und Länge des Beifalls bewerten.

Reflexion: Welche Präsentation war besonders informativ und/oder überzeugend? Woran lag das?

Präsentationen anschauen

Vorbereitung: Besprechen Sie zunächst das Arbeitsblatt zum Thema „Präsentieren mit dem Modell der vier Quadranten". Diskutieren Sie mit den Jugendlichen die nachfolgenden Filme nach diesen Gesichtspunkten.
Durchführung: Schauen Sie sich mit den Jugendlichen ausgewählte Präsentationen aus dem Internet an. Das können Vorträge, Produktpräsentationen, Werbung oder auch die Vorstellung eines Politikers sein.
Reflexion: Welche Präsentation hat euch besonders gut gefallen? Inwieweit wurde das Modell der vier Quadranten berücksichtigt?

Präsentationsfähigkeit

Präsentieren mit dem Modell der vier Quadranten

Eine erfolgreiche Präsentation sollte unterschiedliche Lerntypen ansprechen.
Unten stehend siehst du das Modell der vier Quadranten.
Wie du sehen kannst, hat jeder Lerntyp einen eigenen Zugang zu einem Thema.

	Quadrant	Lerntyp	Motivation
1.	Warum?	Philosoph	Suche nach dem Sinn
2.	Was?	Wissenschaftler	Suche nach Informationen
3.	Wie?	Improvisator	Suche nach Handlungsanleitungen
4.	Wozu?	Visionär	Suche nach Möglichkeiten

— in Anlehnung an: http://www.sinn-reich.de/das_4mat_system/
Stark vereinfachte Darstellung, aufgerufen am 17.12.2014

Trage in das Quadrat die erforderlichen Inhalte in Bezug auf ein von dir gewähltes Thema ein. Das Ziel soll sein, bei einer Präsentation auf alle Zuhörer einzugehen und ihnen das Zuhören – und Lernen – dadurch zu erleichtern.

Was?	Warum?
Wie?	Wozu?

Präsentationsfähigkeit

I proudly present ...

Eine Präsentation lässt sich am besten nach dem **AHA**-Prinzip organisieren – nach **A**nfang, **H**auptteil und **A**bschluss.

Anfang: Ein guter Anfang informiert über Anlass, Ablauf und Ziel der Präsentation und motiviert zum Zuhören. Sympathie und Interesse weckt der Redner über eine freundliche Begrüßung und eine positive Ausstrahlung.

Hauptteil: Eine klar strukturierte, verständlich formulierte Argumentationskette führt den Zuhörer durch den Hauptteil. Ein roter Faden ist dabei extrem wichtig, um Verwirrung oder eigenes Abschweifen zu vermeiden. Gelegentliche Zusammenfassungen der wichtigsten Argumente sind anzuraten. [...].

Abschluss: Erfahrungsgemäß bleibt der Schluss am ehesten im Gedächtnis. Deswegen empfiehlt es sich, auf die Formulierung der Ergebnisse besonders viel Wert zu legen. Dabei wird die Anfangsthese oder -frage noch einmal aufgegriffen und beantwortet. Ein Ausblick auf die Zukunft eignet sich sehr gut, um eine Diskussion im Anschluss anzuregen, den Prozess- und Entwicklungscharakter der Ausführungen zu unterstreichen oder künftige Chancen zu skizzieren. Wichtig ist, den zeitlichen Rahmen nicht zu sprengen: besser im Hauptteil kürzen, als auf die einprägsame Quintessenz des Schlusses zu verzichten.

— Quelle: http://www.berufsstrategie.de/bewerbung-karriere-soft-skills/praesentation-aha-smart-aida-prinzip.php, aufgerufen am 18.12.2014

Bei der Ausgestaltung des Ablaufs kannst du dich auch gut an dem **Modell der vier Quadranten** orientieren. Insbesondere dann, wenn du etwas anpreisen und/oder verkaufen möchtest, eignet sich die Reihenfolge des Modells sehr gut, um Überzeugungsarbeit zu leisten.

Jetzt bist du dran: Was möchtest du präsentieren?
Du bekommst anschließend ein Feedback. Gib auch anderen eine Rückmeldung zu ihren Beiträgen.

Beachte dabei die Feedbackmethoden, die du gelernt hast.

Problemlösekompetenz

Eine kleine Aufwärmübung zu Beginn dieser Einheit soll mithilfe des bekannten Rätsels vom Fährmann stattfinden. Das Rätsel lautet: *Wie bringt ein Fährmann eine Ziege, einen Wolf und einen Kohlkopf über den Fluss, wenn er aber nur einen von den dreien auf die Fähre laden darf? Dabei muss er darauf achten, dass die Ziege nicht den Kohlkopf und der Wolf nicht die Ziege frisst! Wen fährt er also der Reihe nach hinüber?*

Während Sie über die oben gestellte Frage nachdenken und nach einer Lösung suchen, wird deutlich, dass der Mensch grundsätzlich ein Interesse daran hat, für auftretende Problemstellungen Lösungen zu finden.
Mit Problemen sind wir tagtäglich konfrontiert. Die Aufgabenstellungen werden immer komplexer und bedürfen eines hohen Maßes an Problemlösungskompetenz. Letztere meint die Fähigkeit, komplexe Probleme zu analysieren, zu verstehen und lösen zu können.

Problemlösung sollte also vermehrt spielerisch und in der Behandlung konkreter Alltagsgegebenheiten erprobt werden. Wird das Problemelösen nicht „problematisiert“, sondern die Freude und Neugierde am Lösen geweckt, werden zukünftige Problemstellungen mehr als Heraus- denn als Überforderung empfunden.

Die Lösung zum oben gestellten Rätsel lautet:

Zuerst fährt der Fährmann mit der Ziege ans andere Ufer und kommt allein wieder zurück. Dann fährt er mit dem Wolf ans andere Ufer und kommt mit der Ziege zurück. Diese lädt er aus und befördert den Kohlkopf ans andere Ufer. Wieder fährt er allein zurück. Zum Schluss bringt er die Ziege ans andere Ufer. Jetzt hat er Ziege, Wolf und Kohlkopf wohlbehalten transportiert.

Flexibilität, Informationsmanagement, Kreativität, Konfliktfähigkeit, Teamfähigkeit

Problemlösekompetenz __1/2

Vorgeschichte: Führen Sie die Jugendlichen folgendermaßen in die Geschichte ein:
„Ihr fahrt mit einem Schiff über den Atlantischen Ozean. Plötzlich tritt ein Notfall ein und euer Schiff geht unter. Ihr könnt euch jedoch mit vier bis sechs Personen in Rettungsboote retten. Dieses sind Ruderboote ohne Motor. Auf jedem Rettungsboot befinden sich 15 Gegenstände.“

Ziel:	zunächst einzeln und dann gemeinsam eine Lösung für ein Problem finden
Material:	Papier und Stifte, Kopien des Arbeitsblattes Seenot (S. 109)
Raum:	ausreichend Platz für Einzel- und Kleingruppenarbeit
Zeit:	30 bis 45 Minuten

Durchführung: Zunächst überlegt jeder für sich, wie wichtig ihm die einzelnen Gegenstände für das Überleben erscheinen. Dabei werden diese der Wichtigkeit nach nummeriert. Anschließend finden sich die Spieler in Kleingruppen zusammen und diskutieren ihre Lösungen. Jede Gruppe soll sich dabei auf eine gemeinsame Reihung einigen. Die Gruppenreihungen werden anschließend vorgestellt. Man kann nun auch noch versuchen, sich in der Großgruppe auf eine gemeinsame Reihung zu einigen.

Lösungsvorschlag: Angeblich wurde die folgende Lösung von erfahrenen US-amerikanischen Seeleuten entwickelt. Dabei wurden die Gegenstände höher bewertet, mit denen man die Aufmerksamkeit auf sich lenken kann.

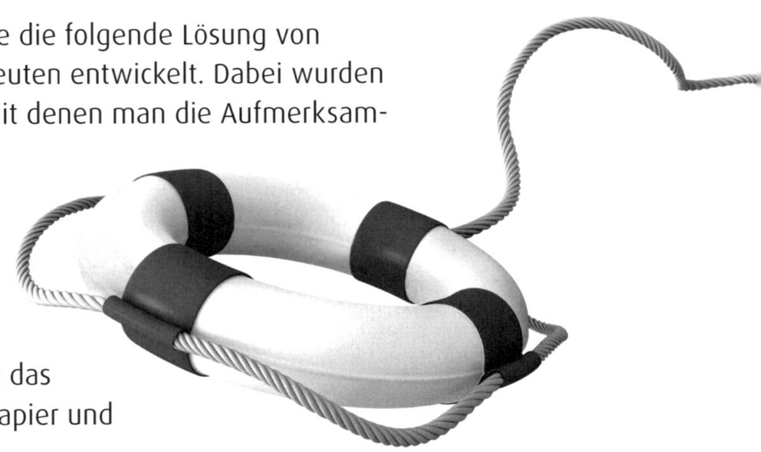

1. **Kleiner Spiegel:** Zum Signalisieren an Rettungsschiffe- und Flugzeuge.
2. **10 Liter Dieseltreibstoff:** Erlaubt das Signalisieren (kann z. B. mittels Papier und Feuerzeug angezündet werden).
3. **20 Liter Trinkwasser**: Unbedingt notwendig zum Überleben. Wasser ist viel wichtiger als Nahrung!
4. **Notrationen (Nahrung):** Ebenfalls sehr wichtig zum Überleben.
5. **4 m^2 Kunststofffolie:** eignet sich zum Auffangen von Regenwasser (Salzwasser aus dem Meer kann nicht getrunken werden)
6. **2 Kartons Schokolade:** Eignet sich als Nahrungsmittel.
7. **Angel samt Zubehör:** Man kann versuchen, zu angeln.

Problemlösekompetenz __2/2

8. **5 m Nylonseil:** Dient zum Befestigen der Gegenstände am Boot.
9. **Schwimmweste:** Hilfreich bei stürmischer See, damit niemand ertrinkt.
10. **Harpune:** Hilfsmittel beim Fischen, Abwehr von Haien
11. **2 Liter hochprozentiger Rum (80 %):** Dient zur Wunddesinfektion, nicht zum Verzehr, da der Wasserbedarf dadurch steigt.
12. **Transistorradio:** Eher nutzlos, dient nur zum Empfang, kann möglicherweise keinen Sender in Reichweite erreichen.
13. **Seekarte:** Relativ nutzlos, da die eigene Position nicht genau genug bekannt ist und das Erreichen der Küste auch bei korrekter Navigation zu lange dauern würde.
14. **Moskitonetz:** Unnütz, mitten auf dem Ozean gibt es keine Mücken.
15. **Sextant:** Kann nur mit Uhr korrekt eingesetzt werden, Navigation ohnehin irrelevant.

Reflexion: Besonders interessant ist es, die Einzelreihungen und Gruppenreihungen mit der Lösung zu vergleichen. Oft ist die Gruppenreihung näher an der vorgeschlagenen Lösung als die Einzelreihungen. Lassen Sie die Jugendlichen den Entscheidungsprozess beschreiben: Wie haben sie abgewogen, was wichtig ist? Wie haben sie sich innerhalb der Gruppe verständigt und geeinigt?

Anmerkung: Diese Übung eignet sich auch sehr gut als Teamübung, um z. B. Rollenverteilungen zu reflektieren. Wie gut hat die Zusammenarbeit geklappt und hat sich diese auf das Ergebnis ausgewirkt? Insbesondere der Wettbewerbscharakter, also das Antreten gegen andere Gruppen, animiert zur Zusammenarbeit und weckt den Ehrgeiz der Teammitglieder. Daher kann diese Übung auch sehr gut in der zweiten Teambildungsphase durchgeführt werden.

Problemlösekompetenz

Seenot

Unten stehend siehst du die Gegenstände, die du der Wichtigkeit nach von 1 (wichtig) bis 15 (unwichtig) nummerierst:

- [ ] Angel samt Zubehör
- [ ] 10 Liter Dieseltreibstoff
- [ ] Harpune
- [ ] 4 m^2 Kunststofffolie
- [ ] Moskitonetz
- [ ] Notrationen (Nahrung)
- [ ] 5 m Nylonseil
- [ ] 2 Liter hochprozentiger Rum (80%)
- [ ] 2 Kartons Schokolade
- [ ] Schwimmweste
- [ ] Seekarte
- [ ] Sextant*
- [ ] kleiner Spiegel
- [ ] Transistorradio (inklusive Batterien)
- [ ] 20 Liter Trinkwasser

*Ein Sextant ist ein nautisches Messinstrument, mit dem man Winkelabstände berechnen kann.

Problemlösekompetenz

Fallberatung im Team

Manchmal sieht man den Wald vor lauter Bäumen nicht und es kann hilfreich sein, unbeteiligten Personen ein Problem zu schildern. Diese haben einen ganz anderen Blick auf das Geschehen und bringen Lösungsideen ein, auf die man vielleicht gar nicht von allein gekommen wäre.

Dafür eignet sich eine **Fallberatung im Team:**

- Sammelt zunächst verschiedene „Problemstellungen" aus eurem Alltag. Dieses kann z. B. wiederholter Stress mit den Eltern, organisatorische Schwierigkeiten oder eine anstehende oder bereits getroffene Entscheidung sein.
- Wählt nun ein Problem aus, welches ihr lösen möchtet.
- Benennt einen Moderator, also jemanden, der das Geschehen im Auge behält.
- Das Problem (bzw. der „Fall") wird nun vom Ratsuchenden dargestellt. Die anderen hören zunächst nur zu!
- Durch Rückfragen können Unklarheiten beseitigt werden.
- Nun kann sich die Gruppe ohne den Ratsuchenden besprechen.
- Anschließend werden dem Ratsuchenden mögliche Lösungen vorgeschlagen.
- Der Ratsuchende hört sich die Lösungen an und überlegt dann, welcher der Lösungsvorschläge für ihn am besten geeignet ist.
- Zum Abschluss könnt ihr die erarbeitete Lösung in einem Rollenspiel vorstellen oder in einem Standbild darstellen.

Reflexionsvermögen

Reflexionsfähigkeit ist die Grundlage für eine eigene Meinungsbildung. Sie dient z. B. dazu, das Verhalten fremder Personen und eigene Verhaltensweisen kritisch zu hinterfragen und diese daraufhin zu überprüfen, ob sie den gestellten Anforderungen gerecht werden. Insbesondere Jugendliche nehmen Reflexionsangebote dankbar auf, wenn sie merken, dass sie ernst genommen werden und ihre Meinung tatsächlich gefragt ist. Reflexionsvermögen ist auch ein Teil von Bildung: Indem ich Erlerntes und Erlebtes und die damit verbundenen Gedanken und Gefühle hinterfrage und auf mich anwende, entwickele ich mich zu einem mündigen Bürger, der in der Lage ist, seine Interessen zu vertreten.
Sich und sein Verhalten zu reflektieren, bedeutet, von Zeit zu Zeit darüber nachzudenken, was man kann und was man will. In vielen Situationen lohnt es sich, zu überdenken, warum etwas funktioniert hat. Genauso wichtig ist es, danach zu fragen, warum etwas nicht geklappt hat. Es sollten also nicht nur Fehler und Schwächen, sondern ebenso Erfolge und Stärken reflektiert werden.
Die nachfolgenden Übungen und Arbeitsblätter können begleitend zur Reflexion von Übungen zu den einzelnen Schlüsselqualifikationen genutzt werden. Ziel ist es, den Prozess der Reflexion anzuregen und methodisch zu begleiten.

Folgende Fragestellungen können für einen Gesprächseinstieg hilfreich sein:

- Was versteht ihr unter Reflexionsfähigkeit?
- Warum ist es wichtig, reflektieren zu können?
- Inwiefern ist es hilfreich, Erlebtes reflektieren zu können?
- Was passiert, wenn man Dinge nicht reflektiert?
- Was hat Reflexion mit Bildung zu tun?
- Was hat Reflexion mit Demokratie zu tun?

Kritikfähigkeit, Selbstbewusstsein

Reflexionsvermögen

Die nachfolgenden Übungen eignen sich übergreifend zur Reflexion eines vorgegebenen Themas bzw. zur Nachbetrachtung eines Erlebnisses oder einer durchgeführten Übung/Aufgabe.

Ziel:	Reflexionsfähigkeit trainieren
Material:	Papier und Stifte, Wäscheleine mit Klammern
Zeit:	jeweils 10 bis 15 Minuten

Wie ein Schmetterling

Durchführung: Nach einer Übung/Aufgabe sind die Jugendlichen dazu aufgefordert, eine Metapher für das zuvor Erlebte zu finden, z. B.: „Ich fühle mich wie nach einer wilden Karussellfahrt, weil ich ganz aufgekratzt bin und keinen klaren Gedanken fassen kann."

Postkarten

Durchführung: Legen Sie Postkarten oder Fotos mit unterschiedlichen Abbildungen aus. Die Jugendlichen wählen ein Bild, das ihrer Situation entspricht oder der Erfahrung, die sie bei der vorherigen Übung/Aufgabe gemacht haben. Jeder erläutert kurz, warum er das jeweilige Bild ausgewählt hat.

Stimmungsbarometer

Durchführung: Malen Sie ein Plus und ein Minus auf jeweils ein Blatt Papier. Nun hängen Sie diese beiden Blätter je an ein Ende einer gespannten Wäscheleine. Jeder Jugendliche schreibt seinen Namen auf eine Karte. Dieser wird nun mithilfe von Wäscheklammern an dem Stimmungsbarometer positioniert. Je näher sie am Minus platziert wird, desto schlechter ist die Stimmung. Je näher sie am Plus platziert wird, desto besser ist die Stimmung.

Anmerkung: Bei dieser Übung erhalten Sie rasch einen Einblick in die Gefühlslage der Jugendlichen, ohne dass darüber gesprochen werden muss.

Reflexionsvermögen

Reflexion im Alltag: mein Tagebuch

Eins der berühmtesten Tagebücher ist das der Anne Frank, eines 13-jährigen jüdischen Mädchens, das sich zusammen mit seiner Familie in einem Haus in Amsterdam vor den Nationalsozialisten versteckte. Sie starb 1944 im Konzentrationslager Bergen-Belsen. Nach dem Krieg wurde ihr Tagebuch veröffentlicht. Im Folgenden liest du einen Auszug daraus:

Freitag, 26. Mai 1944

Liebste Kitty!

Endlich, endlich bin ich so weit, dass ich ruhig an meinem Tischchen vor dem spaltbreit offenen Fenster sitzen und dir alles schreiben kann. Ich fühle mich so elend wie seit Monaten nicht [...]. Ich frage mich immer wieder, ob es nicht besser für uns alle gewesen wäre, wenn wir nicht untergetaucht wären, wenn wir nun tot wären und dieses Elend nicht mitmachen müssten und es vor allem den anderen ersparten. Aber auch davor scheuen wir zurück. Wir lieben das Leben noch, wir haben die Stimme der Natur noch nicht vergessen, wir hoffen noch, wir hoffen auf alles. Lass nur schnell was passieren, notfalls auch Schießereien. Das kann uns auch nicht mehr zermürben als diese Unruhe! Lass das Ende kommen, auch wenn es hart ist, dann wissen wir wenigstens, ob wir letztlich siegen werden oder untergehen.

Deine Anne M. Frank

— Quelle: Anne Frank: Anne Frank Tagebuch. Fischer, 2013, S. 287 f.

Schreibe einen Monat lang Tagebuch und reflektiere deinen Tag. Suche und/oder gestalte dir dafür extra ein Buch, in das du jeden Tag schreibst. Das Tagebuch ist wie ein sehr guter Freund, dem du alle Gedanken und Gefühle anvertrauen kannst.
Vielleicht magst du den anderen ja Auszüge daraus vorlesen? Das entscheidest du, denn in erster Linie ist das Tagebuch etwas sehr Privates und Persönliches.

Reflexionsvermögen

Reflexion mit Ausblick

Brief an sich selbst:

Schreibe einen Brief an dich selbst! Vielleicht kommt es dir zunächst komisch vor, dich selbst anzusprechen, aber es ist ein tolles Gefühl, einen an sich selbst adressierten Brief zu bekommen – vor allen Dingen dann, wenn man gar nicht mehr daran denkt.
Was möchtest du dir gern schreiben? Was möchtest du nicht vergessen und in Erinnerung behalten? Gibt es etwas, was du dir selbst raten möchtest oder in Zukunft anders machen möchtest?
Du kannst natürlich auch etwas malen.

Ich nehme mit in meiner Hand:

Du legst eine Hand auf ein Blatt Papier und zeichnest die Umrisse nach. Lasse den heutigen Tag oder die heutige Unterrichtsstunde vor deinem geistigen Auge an dir vorbeiziehen.
Schreibe dann folgende Inhalte in deine Finger:

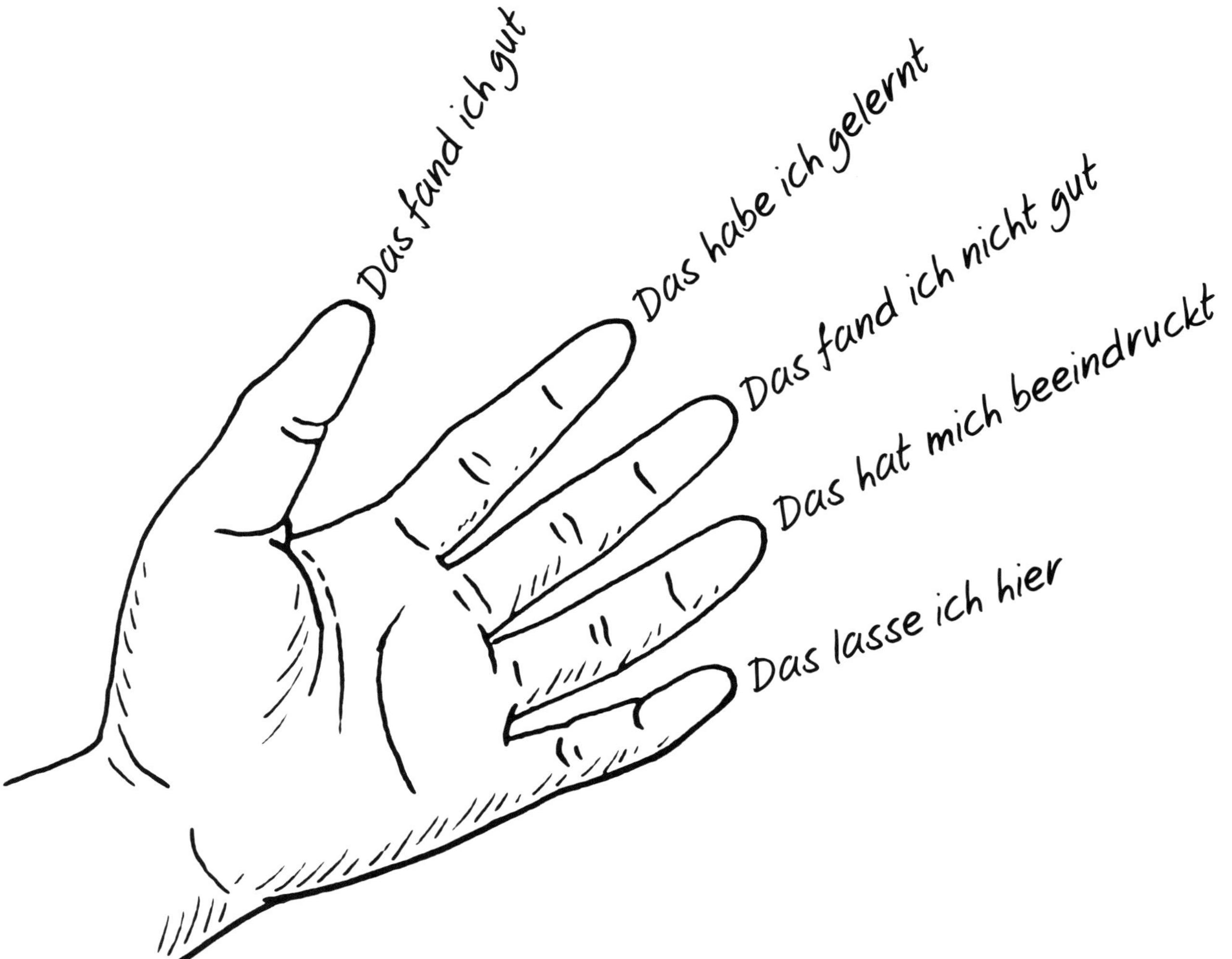

Rhetorik

Rhetorik stellt bis ins Erwachsenenalter eine Herausforderung dar und es bedarf, sofern einem das Talent nicht in die Wiege gelegt wurde, Training und Mut, um vor eine Gruppe zu treten und zu sprechen. Im späteren Berufsleben, aber auch im Studium oder in der Ausbildung gibt es immer wieder Situationen, in denen geplant oder auch spontan Ansprachen, Reden, Durchsagen, Präsentationen und Vorträge gehalten werden müssen.
Der Begriff Rhetorik kommt aus dem Griechischen und bedeutet wörtlich übersetzt „Lehre vom Reden". Entwickelt hat sich die Rhetorik mit der Staatsform der Demokratie. Demokratie lebt von der freien Rede als Instrument demokratischen Handelns. In der Antike wurde die Rhetorik zu den sogenannten „Freien Künsten" gezählt. Von jedem freien Bürger wurde erwartet, dass er in der Lage war, zu lesen und zu schreiben (Grammatik), seine Meinung in der Öffentlichkeit darzustellen (Rhetorik) und sie schlüssig und mit guten Argumenten zu vertreten (Dialektik). Heute jedoch versteht man umgangssprachlich unter Rhetorik eher eine Sammlung von Tipps und Tricks, um vor einem größeren Publikum erfolgreich eine Rede halten zu können.

In einem weiteren Verständnis umfasst Rhetorik neben der Kunst, eine Rede zu halten, ganz allgemein die Fähigkeiten der menschlichen Kommunikation. Dazu gehört die Sicherheit, in verschiedenen Gesprächssituationen Sprache und Körpersprache sicher und flexibel einsetzen zu können. Rhetorik ist also der bewusste Einsatz des Instruments Sprache, um

- Gesagtes klar zum Ausdruck zu bringen,
- es durch den Einsatz rhetorischer Hilfsmittel zu verstärken,
- beim Gesprächspartner Verständnis zu wecken,
- eine bestimmte Wirkung zu erzielen sowie
- zu überzeugen, zu motivieren und zu begeistern.

Folgende Fragestellungen können für einen Gesprächseinstieg hilfreich sein:

- Wisst ihr, was Rhetorik bedeutet?
- Was zeichnet eine gute Rhetorik aus?
- Wofür braucht man Rhetorik?
- Habt ihr Ideen, wie man Rhetorik trainieren könnte?

Präsentationsfähigkeit, Selbstbewusstsein, Stressmanagement

Rhetorik

Der frühe Vogel fängt den Wurm

Ziel:	die Scheu verlieren, sich vor einer Gruppe zu präsentieren
Raum:	ausreichend Platz, um sich zu bewegen
Zeit:	10 bis 15 Minuten

Durchführung: Alle bewegen sich im Raum. In der Mitte des Raumes steht ein Stuhl. Auf Ihr Kommando bewegen sich alle im Raum (am besten laufen Sie einfach mit). Nun stellt sich der Erste auf den Stuhl und ruft ein Sprichwort in die Runde, gern mit Pathos und ausschweifenden Gesten. Wenn den Jugendlichen keine Sprichwörter einfallen bzw. dieses vorauszusehen ist, sammeln Sie im Vorfeld Sprichwörter, die Sie – für alle sichtbar – schriftlich festhalten. Der Jugendliche, der das Sprichwort gerufen hat, bekommt nun laute Bestätigung vom „Publikum". Die Gruppe kann z. B. „Jawoll!", „Genauso ist es!", „Super!", „Cool!" etc. rufen. Es darf auch geklatscht und gejohlt werden. Als Alternative zu Sprichwörtern können auch Musiktitel genannt und mit Gesten untermalt werden.

Nachfolgend noch zwei Übungen, durch die sich die Artikulation, Sprechgeschwindigkeit und damit die Verständlichkeit trainieren lassen.

Ziel:	Stimmtraining
Material:	ausreichend Korken, Texte zum Vorlesen
Zeit:	jeweils 5 bis 10 Minuten

Korkenklassiker

Durchführung: Die Jugendlichen tun sich zu zweit zusammen. Nun nimmt einer einen Korken zwischen die Zähne und liest einen Text möglichst laut und deutlich vor. Da gegen einen Gegenstand gesprochen werden muss, wird die Kaumuskulatur trainiert. Wiederholt man diese Übungen an einigen aufeinanderfolgenden Tagen, führt die stärkere Muskulatur zu einer besseren und deutlicheren Artikulation. Die Übung sollte nicht länger als fünf Minuten durchgeführt werden.

Zungenbrecher

Durchführung: Mithilfe der Schnellsprechsätze können die Jugendlichen eine klare und deutliche Aussprache trainieren. Dafür eignen sich „Der Cottbuser Postkutscher putzt den Cottbuser Postkutschkasten blank" oder „Blaukraut bleibt Blaukraut und Brautkleid bleibt Brautkleid" oder „Fetter Speck schmeckt der Schnecke schlecht, schlecht schmeckt der Schnecke fetter Speck." Vielleicht fällt Ihnen oder den Jugendlichen ja auch noch ein Satz ein?

Rhetorik

Umgang mit Lampenfieber

Viele Menschen leiden unter Stress und Lampenfieber, wenn sie sich vor einem Publikum präsentieren sollen. Das passiert sogar Schauspielern oder Musikern, obwohl gerade die es ja gewohnt sind, auf einer Bühne zu stehen. Die Gründe dafür sind meist Angst und Unsicherheit. Dabei schleichen sich Gedanken in unsere Köpfe, die den Stress verstärken. Keine Sorge: Aufregung gehört dazu! Dadurch wird Adrenalin freigesetzt und aktiviert Körper und Geist. Das Lampenfieber verhindert, dass du Fehler machst, und bringt dich zu Hochleistungen.

Denke an eine zurückliegende Situation, in der du vor einem Publikum etwas präsentieren solltest. Wie hast du dich kurz vorher, währenddessen und danach gefühlt? Beschreibe die jeweiligen Momente möglichst deutlich. Trage die Gefühle und Gedanken in deine Lampenfieberkurve ein. Wie hoch ist deine Lampenfieberkurve vor bedeutsamen Momenten?

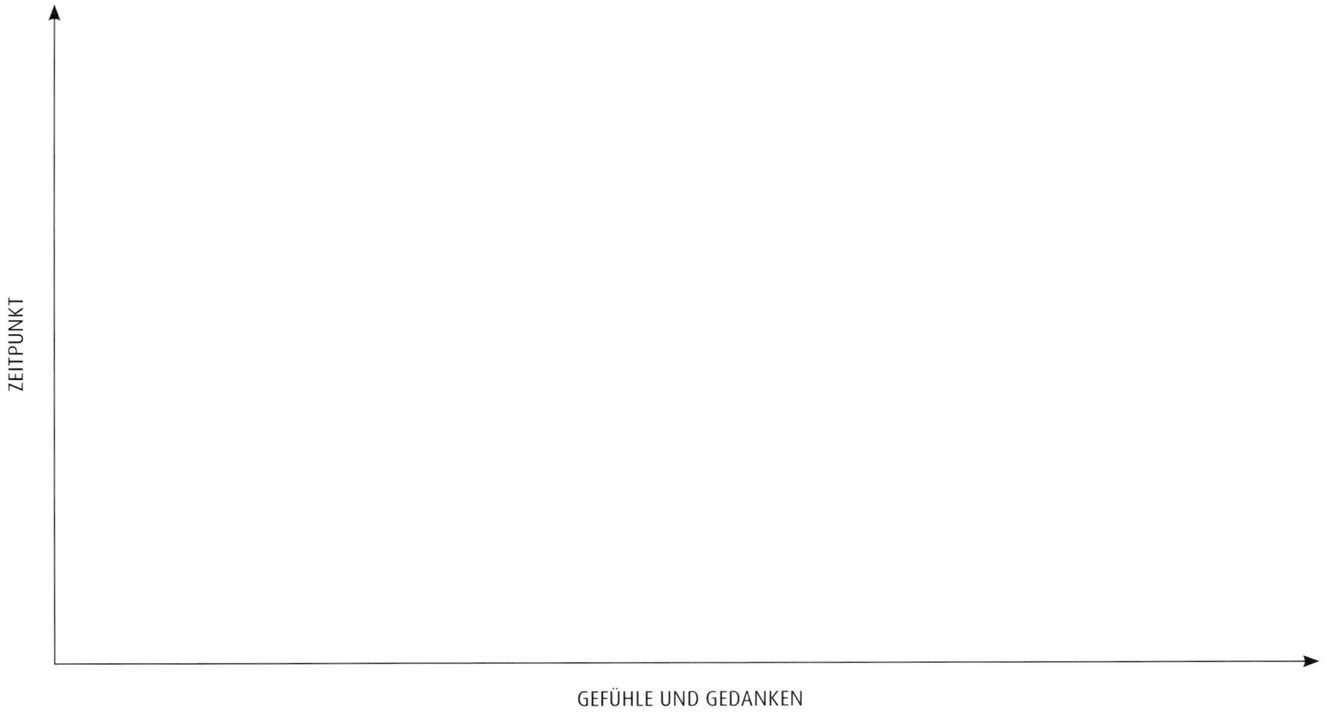

Folgende Sätze können dir helfen, das Lampenfieber abzubauen:

- Andere machen auch Fehler. Ich muss nicht alles 100%ig machen.
- Ich kann es nicht allen recht machen.
- Eins nach dem anderen.
- Ich konzentriere mich nur auf das Wichtigste.
- Ich habe keinen Grund, an mir zu zweifeln.
- Ein bisschen Aufregung ist nützlich. Ich nehme es nicht so wichtig.
- Worum geht es eigentlich? Ich mache mir erst mal einen Plan.
- Ich werde es schon schaffen. Ich weiß, was ich kann.
- In der Ruhe liegt die Kraft. Ich lasse mich nicht verrückt machen.

Fallen dir noch weitere Sätze ein, mit denen du dich beruhigen und aufbauen kannst?

Rhetorik

Meine Rede

Schreibe eine eigene Rede und halte diese vor einem Publikum.
Du kannst z. B. über ein Hobby, eine Fernsehserie, deine Familie oder eine Reise berichten.

Die vier „Verständlichmacher“ helfen dir, die Rede vorzubereiten:

1 | Gliederung:
Deine Rede braucht einen roten Faden, eine Art Geschichte, die einen Zusammenhang erkennen lässt.

2 | Einfachheit:
Verwende kurze Sätze und keine Fremdwörter.

3 | Anregung:
Unterstreiche deine Rede mit Beispielen oder Bildern.
Beziehe die Zuhörer ruhig mit ein!

4 | Kürze:
Beschränke dich auf das Wesentliche und behalte das Ziel vor Augen.

Anschließend findest du noch eine Auswahl von drei Formeln, die dir helfen können, je nach Thema deine Rede für dich und die Zuhörer übersichtlich zu strukturieren:

→ **Formel für alles:**
1. Woher kommen wir?
2. Wo stehen wir?
3. Wohin gehen wir?

→ **Standpunkt-Formel:**
1. Mein Standpunkt
2. Meine Begründung
3. Meine Beweise
4. Meine Schlussfolgerung
5. Meine Aufforderung

→ **Situations-Formel:**
1. etwas sehen
2. darüber urteilen
3. daraus Konsequenzen ableiten

Viel Erfolg! Du schaffst das!

Selbstbewusstsein

Ein selbstbewusster Mensch ist sich seiner „selbst“ bewusst, er hat ein sogenanntes Selbstkonzept. Des Weiteren weiß er um seinen Wert und kann diesen nach außen vertreten. Beides erfordert ein hohes Maß an Selbstreflexion, welche ein Wechselspiel von Selbst- und Fremdwahrnehmung ist. Wenn ich weiß, wie ich auf andere wirke, kann ich mich auch besser einschätzen.

Selbstbewusstsein bedeutet, sich sowohl seiner Stärken als auch seiner Schwächen bewusst zu sein und dazu zu stehen. Ein selbstbewusster Mensch hat keine Angst vor Ablehnung und keine Angst davor, zu versagen. Er hat die Selbstsicherheit, es auszuhalten, abgelehnt zu werden oder Fehler zu machen. Nur so kann er für seine Meinung einstehen, Nein sagen – also selbstbewusst denken, handeln und auftreten.

Insbesondere für Jugendliche ist das eine Herausforderung. Gerade in Zeiten, in denen Identitätsfindung durch Zugehörigkeit bzw. Peergroups stattfindet, fällt es schwer, unabhängig davon ein Selbstkonzept zu entwickeln. Begleitende soziale Systeme, wie Jugendhilfe und Schule, können jedoch wertvolle Impulse geben, um den Ablösungsprozess von den Eltern zu begleiten, den Weg ins Erwachsenenalter zu ebnen und zu unterstützen, eine selbstbewusste Persönlichkeit zu werden.

Folgende Fragestellungen können für einen Gesprächseinstieg hilfreich sein:

- Was bedeutet es für euch, selbstbewusst zu sein?
- Ist ein selbstbewusster Mensch beliebt?
- Wo fehlt es euch an Selbstbewusstsein?
- Wie kann man mehr Selbstbewusstsein erlangen?

Eigenverantwortung, Kritikfähigkeit, Reflexionsvermögen, Wertschätzung

Selbstbewusstsein

Meine Visitenkarte

Ziel: sich selbst darstellen und erkannt werden
Material: festes Papier, Scheren und Stifte
Raum: ausreichend Platz für einen Kreis
Zeit: 10 bis 15 Minuten

Durchführung: Jeder Jugendliche ist aufgefordert, seine eigene Visitenkarte zu entwerfen. Vielleicht haben Sie ja auch die Möglichkeit, Computer zu nutzen. Auf der Visitenkarte darf kein Name stehen! Es soll durch die Gestaltung und den Text erkennbar sein, wem diese gehört. Als Erkennungszeichen eignen sich Eigenschaften, Fähigkeiten oder auch Eigenarten. Wenn die Visitenkarten fertig sind, sammeln Sie alle ein und packen diese in einen Beutel. Nun dürfen die Jugendlichen eine Karte ziehen und erraten, um wen es sich handelt.

Reflexion: Ist es euch schwergefallen, die Visitenkarte zu gestalten? Ist es euch schwergefallen, die Visitenkarte der jeweiligen Person zuzuordnen?

Den Rücken stärken

Vorgeschichte: Jeder von uns hat einen oder mehrere sogenannte „blinde Flecken". Das sind Persönlichkeitsanteile, die man selbst kaum oder gar nicht wahrnimmt, andere einem jedoch aufzeigen können.

Ziel: Bewusstwerdung und Stärkung positiver Persönlichkeitsanteile
Material: Papier, Klebestreifen und Stifte
Raum: ausreichend Platz, um sich mit der Gruppe zu bewegen
Zeit: 15 bis 20 Minuten

Durchführung: Bitten Sie die Jugendlichen, einen Zettel in drei Bereiche zu unterteilen und diese mit den folgenden Satzanfängen zu beschriften:

- „Ich bin ..."
- „Ich kann ..."
- „Ich habe ..."

Jedem Jugendlichen wird sein Zettel auf den Rücken geheftet/geklebt. Die Jugendlichen gehen nun rum und dürfen die Sätze bei den anderen mit positiven Aspekten ergänzen. Sind die Zettel bei allen gleichermaßen gefüllt, ist das Spiel zu Ende (in Anlehnung an Portmann, 2008).

Reflexion: Gibt es Wahrnehmungen von den anderen, die euch neu sind? Ist es euch schwergefallen, bei den anderen etwas Positives zu schreiben?

Anmerkung: Bei dieser Übung ist es wichtig, als Anleiter darauf zu achten, dass alle Zettel beschrieben werden und nicht einer benachteiligt wird. Hier können Sie „nachhelfen", indem Sie selbst mitspielen und darauf achten, dass Sie gezielt Sätze bei den Jugendlichen vervollständigen, die nicht so beliebt sind.

Selbstbewusstsein

Mein Beipackzettel

Schreibe einen Beipackzettel, und zwar über dich!
Denke dabei an deine Wirkung gegenüber anderen und wie du dich selbst siehst.

Beipackzettel

Das bin ich:

....

....

....

....

....

Das kann ich besonders gut/hierzu kann ich eingesetzt werden:

....

....

....

....

Das gibt es zu beachten:

....

....

....

....

So bin ich im Umgang mit anderen:

....

....

....

....

Mögliche Nebenwirkungen und Risiken:

....

....

....

....

© Verlag an der Ruhr | Autorin: Antonia Klein | ISBN 978-3-8346-2780-3 | www.verlagruhr.de

Selbstbewusstsein

Bühne frei!

Alle sollen sehen, wer du bist! Bringe es auf den Punkt. Zeige es durch Gestik, Mimik und Sprache. Was ist typisch für dich?

Du darfst dich für eine Minute präsentieren.

Du bist sehr still und zurückhaltend? Dann verstecke dich hinter einem Stuhl und lege den Finger auf den Mund. Du bist laut und tonangebend? Dann schreie es heraus! Du bist humorvoll? Dann erzähle einen Witz. Du bist eher nachdenklich? Dann grüble vor dich hin. Du bist tierlieb? Dann streichle einen imaginären Hund.

Denke dir nun eine passende Szene aus, die dich treffend beschreibt:

Nach deiner Präsentation darf laut und ausgiebig geklatscht, gejohlt und gepfiffen werden! Applaus!
Fällt es dir schwer, dich zu präsentieren und Applaus zu empfangen? Probiere es einmal aus und versuche, den Applaus auszuhalten – und im Idealfall zu genießen!

Stressmanagement

Stressmanagement wird angesichts zunehmender Belastungen immer wichtiger. Zahlreiche Studien belegen, dass bereits Kinder im Schulalter Anzeichen von Stress und seinen Folgen aufweisen. Umso wichtiger ist es, diesen rechtzeitig zu erkennen, um intervenieren zu können.

Stress bedeutet stets ein Ungleichgewicht zwischen den Anforderungen an eine Person und den wahrgenommenen Bewältigungsstrategien. Stress beschreibt den Zustand, in dem wir uns befinden, und nicht die Ursache, die ihn auslöst. Die Ursache nennt man Stressor. Stress muss nicht immer nur negativ sein. Positiver Stress entsteht, wenn wir uns freuen, verliebt sind oder Karussell fahren. Negativer Stress kann als Folge von Überforderung entstehen und zur psychischen, aber auch körperlichen Belastung führen. Dabei ist zu berücksichtigen, dass Stress individuell empfunden wird und die Belastungsgrenzen variieren. Vor dem Hintergrund einer Leistungsgesellschaft wird eine niedrige Belastungsgrenze oft als Versagen gesehen. Auch Jugendliche trauen sich oft nicht, zuzugeben, wenn sie etwas stresst. Hier gilt es, das vertrauensvolle und offene Gespräch zu suchen und Möglichkeiten zu erarbeiten, wie mit Stress umgegangen werden kann.

Folgende Fragestellungen können für einen Gesprächseinstieg hilfreich sein:

- Seid ihr manchmal gestresst?
- Was sind die Ursachen (Stressoren)?
- Was ist der Unterschied zwischen positivem und negativem Stress?
- Woran merkt ihr, dass ihr gestresst seid?
- Wie baut ihr Stress ab?

Achtsamkeit, Entspannungskompetenz, Zeitmanagement

Stressmanagement

Das sind meine Stressoren

Ziel: Stressoren definieren und zuordnen
Material: Karteikarten, eine Karte mit einem Plus und eine mit einem Minus, ein Seil (ca. 3 m lang)
Raum: ausreichend Platz, um sich wie in einer Gasse gegenüberzusitzen und das Stress-Barometer in die Mitte auf den Fußboden legen zu können.
Zeit: 30 bis 45 Minuten

Durchführung: Auf Karteikarten schreibt jeder pro Karte einen Stressor aus seinem Alltag auf (z. B. verschlafen, Bus hat Verspätung, zu viele Hausaufgaben, Familienfeier, Streit mit der besten Freundin etc.) Anschließend werden die Karten an dem Stress-Barometer sortiert. Die Karte mit dem Plus steht für „starken Stress" und die Karte mit dem Minus für „gar keinen Stress". Schnell wird deutlich, dass das Empfinden von Stress sehr individuell ist. Kommen Sie mit den Jugendlichen ins Gespräch und lassen Sie diese erzählen, was sie stresst. Für die Jugendlichen wird es eine wertvolle Erfahrung sein, festzustellen, dass auch andere gestresst sind.

So fühlt sich Stress an

Ziel: Sensibilisierung für Anzeichen und körperliche Symptome von Stress
Material: Papierrolle und Stifte
Raum: ausreichend Platz, um Körperbilder malen zu können
Zeit: 45 Minuten

Durchführung: Bilden Sie Kleingruppen von max. vier Personen und bitten Sie die Schüler, einen Körperumriss eines Schülers auf eine Papierrolle zu zeichnen. Anschließend füllen die Schüler gemeinsam den Körper mit Belastungen aus und kennzeichnen die Stellen am Körper, an denen sich Stress bemerkbar machen kann, z. B. Bauch- oder Kopfschmerzen, Nackenverspannung, Schweißausbrüche etc. Im Anschluss werden die Körperbilder vorgestellt und verglichen.

Reflexion: Was fällt euch beim Vergleich der Körperbilder auf? Gibt es Unterschiede und Gemeinsamkeiten?

Stressmanagement

Was bringt mich aus dem Gleichgewicht und wie stelle ich es wieder her?

Oft sind es die gleichen Situationen, Dinge oder Menschen, die uns aus dem Gleichgewicht bringen. Das kann der kleine Bruder sein, der genau weiß, wie er uns ärgern muss, oder der volle Müllbeutel, der uns vor der Mülltonne reißt. Aber es gibt auch Gegenmaßnahmen, die uns wieder ins Gleichgewicht bringen. Das kann ein Telefonat mit einem guten Freund, Sport oder laut Musik hören sein. Du kannst natürlich auch mehrere Sachen nennen.

Schreibe auf die schwere Seite der Wippe, was dich besonders schnell oder arg aus dem Gleichgewicht bringt. Schreibe auf die andere leichte Seite, wie du das Gleichgewicht wiederherstellst – welches deine sogenannten Gegenmaßnahmen sind.

Nachdem du die Stresswippe ausgefüllt hast, tausche dich mit deinem Sitznachbarn darüber aus und vergleicht eure Arbeitsblätter. Könnt ihr Gemeinsamkeiten finden? Welche Unterschiede könnt ihr entdecken?

© Verlag an der Ruhr | Autorin: Antonia Klein | ISBN 978-3-8346-2780-3 | www.verlagruhr.de

Stressmanagement

Stress bewältigen

Woran merkst du, dass du gestresst bist?
Was kannst du dann tun, um dem Stress vorzubeugen oder ihn abzubauen?
Wer oder was kann dich dabei unterstützen?

Stelle dir in einer ruhigen Minute vor, dass du gestresst bist. Nun schließe die Augen und denke an eine deiner „Gegenmaßnahmen". Spüre nach, ob du eine Veränderung in deinem Körper bemerken kannst. Wenn du Schwierigkeiten hast, eine „Gegenmaßnahme" zu finden, können auch Entspannungsmethoden helfen, dich wieder ins Gleichgewicht zu bringen.
Eine sehr gute Möglichkeit, gelegentlich dem Stress zu entfliehen, besteht darin, bewusst die Stille zu suchen. Durch die Stille werden die Gedanken ruhiger, man kommt wieder runter und sieht Dinge danach oft klarer. Dazu eine kleine Geschichte, die es auf den Punkt bringt:

Eines Tages kamen zu einem einsamen Mönch einige Menschen. Sie fragten ihn: „Was für einen Sinn siehst du in deinem Leben der Stille und Meditation?"
Der Mönch war mit dem Schöpfen von Wasser aus einem tiefen Brunnen beschäftigt. Er sprach zu seinen Besuchern: „Schaut in den Brunnen. Was seht ihr?"
Die Leute blickten in den tiefen Brunnen: „Wir sehen nichts!"
Nach einer kurzen Weile forderte der Mönch die Leute erneut auf: „Schaut in den Brunnen! Was seht ihr jetzt?"
Die Leute blickten wieder hinunter: „Ja, jetzt sehen wir uns selber!"
Der Mönch sprach: „Nun, als ich vorhin Wasser schöpfte, war das Wasser unruhig. Jetzt ist das Wasser ruhig. Das ist die Erfahrung der Stille und der Meditation: Man sieht sich selber! Und nun wartet noch eine Weile." Nach einer Weile sagte der Mönch erneut: „Schaut jetzt in den Brunnen. Was seht ihr?"
Die Menschen schauten hinunter: „Nun sehen wir die Steine auf dem Grund des Brunnens."
Da erklärte der Mönch: „Das ist die Erfahrung der Stille und der Meditation. Wenn man lange genug wartet, sieht man den Grund aller Dinge."

— Autor unbekannt, Quelle: http://www.zeitblueten.com/news/vom-moench-und-dem-brunnen/, aufgerufen am 18.12.2014

Teamfähigkeit

Teamfähigkeit ist eine Schlüsselqualifikation, die beschreibt, dass man sich und sein Können optimal in einer Gruppe einbringen kann. In der Schule wird häufig in Gruppen zusammengearbeitet und die Jugendlichen sollen hier Sozial- und Selbstkompetenz erlangen. Im späteren Berufsleben gehört für viele Firmen die Arbeit in Form von Projektmanagement dazu, in dem Teamarbeit eine zentrale Bedeutung zukommt. Umso wichtiger ist es, Teamfähigkeit rechtzeitig zu erlangen. Viele Jugendliche (und auch Erwachsene) meinen, zu wissen, was Teamfähigkeit bedeutet. Oft kommt es jedoch während der Umsetzung zu Problemen. Wir alle haben bei Teamarbeit Bilder vor Augen wie diese zu funktionieren hat. Entscheidend ist jedoch, ob die von uns besetzte Rolle nach unseren Vorstellungen zum Gruppengeschehen beitragen kann und wir uns mit dieser im Einklang mit den anderen Teamrollen befinden.

Nach Bruce W. Tuckman durchläuft eine Gruppe, bevor sie zum Team wird, vier Gruppenphasen (Forming, Norming, Storming und Performing). Je besser die Interaktion ist, desto leistungsfähiger ist die Gruppe und wird zu einem Hochleistungsteam. Nutzen Sie die nachfolgenden Übungen und Arbeitsblätter, um den Zusammenhalt zu stärken und im Idealfall gar in der Performingphase als Hochleistungsteam anzukommen!

Folgende Fragestellungen können für einen Gesprächseinstieg hilfreich sein:

- Was ist der Unterschied zwischen einer Arbeitsgruppe und einem Team?
- Warum bauen immer mehr Arbeitgeber auf Teamarbeit?
- Was macht ein gutes Team aus? Welche Rollen könnte es in einem Team geben?
- Wie ist es zu bewerten, wenn einer immer nur „mitläuft"? Sind andere, die mehr tun, mehr wert?
- Was für Erfahrungen habt ihr bei der Teamarbeit gemacht?
- Fallen euch Nachteile der Teamarbeit ein?

Kommunikationsfähigkeit, Konfliktfähigkeit, Problemlösekompetenz

Teamfähigkeit _1/2

Stop and Go

Ziel: sich aufeinander einschwingen, in der Gruppe ankommen
Raum: ausreichend Platz, um sich als Gruppe zu bewegen
Zeit: 10 bis 15 Minuten

Durchführung: Laufen Sie mit den Jugendlichen durch den Raum, während Sie diese zu Beginn anleiten.

1. **Runde:** Sie sagen „Stopp!" und alle bleiben stehen. Nach ihrem Kommando „Go!" dürfen sich alle wieder bewegen. Sagen Sie erst „Go!", wenn auch wirklich alle stehen geblieben sind und Ruhe eingekehrt ist.
2. **Runde:** Sie tippen jemanden auf die Schulter und derjenige sagt daraufhin „Stopp!". Wenn Sie ihn abermals antippen, ist das das Signal zum Weiterlaufen und derjenige sagt „Go!". Danach bestimmen Sie den Nächsten. Dieses Vorgehen soll wie auch in den nächsten Runden bis zu 5-mal wiederholt werden.
3. **Runde:** Nun sagt irgendjemand „Stopp"! und ein anderer, wenn alle stehen geblieben sind, „Go!". Erfahrungsgemäß neigen die Jugendlichen dazu, dass Tempo zu erhöhen und hektisch zu werden. Bringen Sie immer wieder Ruhe rein.
4. **Runde:** In der letzten Runde geschieht das Ganze ohne Worte. Einer bleibt stehen und die anderen müssen darauf achten. Dann geht ein anderer weiter und die ganze Gruppe setzt sich still in Bewegung.

Anmerkung: Diese Übung eignet sich auch prima, wenn Sie eine aufgedrehte Gruppe zur Besinnung und Konzentration bringen möchten.

Der gemeinsame Schritt

Ziel: als Gruppe Absprachen treffen, als Team fungieren, ein gemeinsames Ziel erreichen
Raum: ausreichend Platz, um als Gruppe nebeneinanderzustehen
Zeit: 15 bis 20 Minuten

Durchführung: Bitten Sie die Jugendlichen, sich in einer Reihe nebeneinander aufzustellen. Die Gruppe hat nun die Aufgabe, einen synchronen Schritt nach vorn zu machen. Wie sie dies machen, ist den Jugendlichen selbst überlassen. Es dürfen keine Hilfsmittel benutzt werden. Sie bestimmen, ob der Schritt synchron ist.

Reflexion: Wart ihr euch schnell einig? Hat jemand die Führung übernommen? Gab es noch weitere Rollen in der Gruppe? Was gab es bei der Teamarbeit zu beachten?

In welcher Gruppenphase befinden wir uns?

Vorgeschichte: Wie im theoretischen Einstieg bereits erwähnt, durchläuft jede Gruppe vier Phasen: In der ersten Phase kommt es zur ersten Kontaktaufnahme. Man lernt sich kennen und einigt sich auf das Ziel und den Weg dorthin. Diese Phase bezeichnet man auch als Forming. In der nächsten Phase (Storming) kommt es dann oft zu Auseinandersetzungen zwischen den Gruppenmitgliedern. Konflikte über die Vorgehensweise, über die unterschiedlichen Rollen und die Zuständigkeiten im Team erschweren in dieser Phase oft eine konstruktive Zusammenarbeit. In der dritten Phase, dem Norming, einigen sich die Teammitglieder auf eine gemeinsame Vorgehensweise und haben ihre Rollen gefunden. Die Arbeit ist aufgeteilt und die Zuständigkeiten sind geklärt. In der vierten Phase, dem Performing, stehen einer funktionierenden Zusammenarbeit keine größeren Konflikte mehr im Weg und das Team kann seinem Arbeitsauftrag nachgehen.

— in Anlehnung an Tuckmann, 1965

Teamfähigkeit __2/2

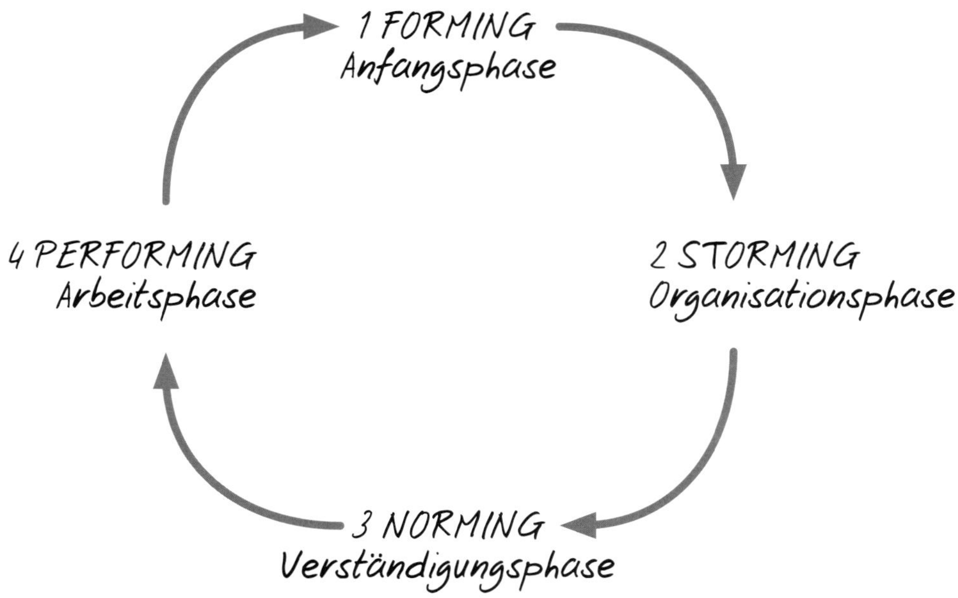

Ziel:	gemeinsam den Entwicklungsstand der Gruppe definieren
Material:	Tafel oder Flipchart, Klebepunkte
Zeit:	30 bis 45 Minuten

Durchführung: Malen Sie die vier Gruppenphasen auf. Nachdem Sie diese erläutert haben, bitten Sie die Jugendlichen, jeweils einen Klebepunkt in die Phase zu setzen, in der sie die Gruppe derzeit verorten. Entweder liegen die Klebepunkte sehr nah beieinander und die Meinungen gehen konform. Werden die Klebepunkte unterschiedlich geklebt, ist es interessant, der Ursache dafür auf den Grund zu gehen.

Reflexion: Ist es euch schwergefallen, euch für eine Gruppenphase zu entscheiden? Gibt es eine Situation bzw. ein Beispiel, an dem ihr eure Entscheidung erläutern könnt? Gibt es noch Verbesserungsbedarf bzw. gibt es eine Phase, die ihr noch nicht erreicht habt? Wie kann euch dieses gelingen?

Anmerkung: Zugegeben – dies ist keine Übung für Zartbesaitete. Sowohl Anleiter als auch die Gruppe sollten mehr Neugierde als Angst vor dem Ergebnis haben bzw. sich trauen, eine ehrliche Einschätzung zu geben. Wenn alle offen miteinander reden, kann es eine unglaubliche Bereicherung für die Gruppe sein und den Teamfindungsprozess nach vorn bringen!

Teamfähigkeit

Welche Rolle habe ich in einem Team? — 1/3

In jedem Team gibt es unterschiedliche Rollen.
Lies dir die verschiedenen Rollenbeschreibungen durch und überlege, welcher Rolle du dich am ehesten zuordnen würdest. Begründe deine Einschätzung.

— in Anlehnung an Belbin, 2010

Der Erfinder

Seine größte Begabung liegt darin, neue Ideen zu entwickeln und komplizierte Probleme zu lösen. Neuerer/Erfinder neigen manchmal dazu, zu viel Zeit in fantasievolle Visionen zu investieren, die nichts mehr mit der Praxis und mit den Anforderungen und Zielsetzungen des Teams zu tun haben.

Funktion im Team: Ideengeber für wirklich Neues oder Unkonventionelles.

Der Wegbereiter

Er ist ein kreativer Typ, produziert aber neue Ideen nicht auf die gleiche Weise wie der Neuerer/Erfinder. Er übernimmt vorwiegend die Denkansätze anderer und entwickelt sie dann weiter. Der Wegbereiter unterhält eine Menge guter Kontakte über die Mitarbeiter des Teams hinaus. Da er gute Gelegenheiten schnell erkennt, wird er oft unterwegs sein oder telefonieren müssen, um herauszufinden, wo die besten Geschäfte zu machen sind. Sobald ein Projekt auf den Weg gebracht wurde, wendet er sich schon wieder anderen Dingen zu.

Funktion im Team: Seine Begeisterung wirkt ansteckend auf das Team.

Der Koordinator

Ein Koordinator ist ein sehr disziplinierter und kontrollierter Charakter, der sehr zielgerichtet arbeitet. Er hält ein Team zusammen, denn er wird von allen respektiert und sorgt dafür, dass das Team das gemeinsame Ziel nicht aus den Augen verliert. Er ist absolut zuverlässig und strahlt eine natürliche Autorität aus. Er kann delegieren, gut mit Menschen umgehen und hat die Gabe, individuelle Talente zu erkennen und zum Wohle des gesamten Teams einzusetzen. Deshalb ist er oft derjenige, der die Teamaufgaben verteilt und auch die Teamleitung übernimmt.

Funktion im Team: Seine Stärke liegt darin, besondere Fähigkeiten bei anderen zu erkennen und für das Team zu nutzen.

Teamfähigkeit

Welche Rolle habe ich in einem Team? 2/3

Der Macher

Macher sind äußerst dynamisch und sprühen vor Energie, sie reagieren impulsiv und sind ungeduldig. Sie lieben die Herausforderung und sind sehr erfolgsorientiert. Sie wollen Ergebnisse sehen und treiben andere gern dazu an. Dabei kann es hin und wieder zu Unstimmigkeiten kommen, aber meistens ist alles auch schnell wieder vergessen. In belastenden Situationen stehen sie über den Problemen und verfolgen ihren Weg unbeirrt weiter. Außerdem scheuen sie weder Konfrontation noch unangenehme Entscheidungen.

Funktion im Team: Macher sorgen durch ihren unermüdlichen Ansporn dafür, dass sich etwas bewegt, und sie sind deshalb oft schon die geborenen Teamleiter.

Der Beobachter

Beobachter sind intelligente, stabile, introvertierte Persönlichkeiten. Sie wirken auf ihre Mitmenschen oft ziemlich trocken. Ihre Stärke liegt nicht in der Ideenentwicklung, sondern in der klaren und objektiven Analyse der Ideen anderer. Sie wiegen das Für und Wider genau ab, urteilen sehr streng und treffen nur ganz selten eine falsche Entscheidung. Beobachter kritisieren nie um des Kritisierens willen, sondern weil sie tatsächlich Mängel in der Planung oder Schwächen in einer Argumentation entdecken.
Funktion im Team: Sie sind es häufig, die das Team vor schwerwiegenden Fehlern bewahren.

Der Teamarbeiter/Mitspieler

Teamarbeiter/Mitspieler sind hilfsbereite, sensible und sozial denkende Menschen. Sie sind gute Zuhörer und Diplomaten, immer loyal gegenüber dem Team und sind bei allen beliebt. Instinktiv reagieren sie positiv auf neue Ideen. Die Anwesenheit eines Teamarbeiters/Mitspielers erleichtert das menschliche Miteinander im Team.
Funktion im Team: Sie sind sehr wichtig für die Stimmung im Team, besonders in Stress- und Krisensituationen.

Der Umsetzer

Der Umsetzer mit seinen organisatorischen Fähigkeiten, seinem gesunden Menschenverstand und seiner Selbstdisziplin kann Ideen und Entscheidungen in klar definierte Aufgaben umsetzen. Umsetzer sorgen gern für Ordnung und lieben keine plötzlichen Veränderungen. Sie können sehr gut Pläne, Budgets und Diagramme erstellen und

Teamfähigkeit

Welche Rolle habe ich in einem Team? __3/3

organisieren. Wenn sie auch manchmal ein wenig unflexibel sind und Ideen, die ihrer Meinung nach unwichtig sind, einfach ablehnen, so sind sie dennoch kooperativ, wenn es darum geht, auszugleichen und zu verbessern.

Funktion im Team: Eine ihrer größten Stärken liegt dabei in ihrer Bereitschaft, alles zu tun, was getan werden muss, ohne Rücksicht darauf, ob dies Spaß macht oder nicht.

Der Perfektionist

Perfektionisten machen sich Sorgen über alles, was schiefgehen könnte, und sind nicht eher zufrieden, bis sie alles bis ins kleinste Detail geklärt haben. Äußerst gewissenhaft vermitteln sie Kollegen dennoch ein Gefühl der Dringlichkeit und dulden auch bei anderen keine Nachlässigkeiten. Perfektionisten erfüllen meist ihre selbst gesetzten Maßstäbe und arbeiten termingerecht.

Funktion im Team: Sie sorgen für Detailgenauigkeit und große Sorgfalt.

Der Spezialist

Spezialisten widmen sich besonderen Gebieten. Sie interessieren sich ausschließlich für ihr Fachgebiet; hier arbeiten sie mit Begeisterung und großer Professionalität. An der Arbeit anderer und an anderen Menschen sind sie als Einzelgänger kaum interessiert. Sie sind in Teams, in denen sehr viel Fachwissen benötigt wird, auch als Vorgesetzte geeignet, weil sie in der Lage sind, vor dem Hintergrund ihrer Kenntnisse und reichen Erfahrungen die richtigen Entscheidungen zu treffen und ihre Entscheidungen zu vertreten.

Funktion im Team: Ihre Begeisterung und ihre Professionalität vermitteln einem Team auf dem jeweiligen Fachgebiet große Sicherheit.

- Nachdem du überlegst hast, welche Teamrolle dir am ehesten entspricht, finde dich mit „Gleichgesinnten" in einer Gruppe zusammen. **Tauscht euch aus, warum ihr euch für diese Teamrolle entschieden habt. Findet ihr euch in der Argumentation der anderen wieder?**

- Damit ein Team gut zusammenarbeiten kann, braucht es jedoch eine ausgeglichene Mischung. **Gehe nun auf die Suche nach einem guten Team. Suche dafür Teammitglieder, die andere Rollen als du einnehmen. Achte darauf, dass die unterschiedlichen Stärken sich gut ergänzen.**

Teamfähigkeit

Wir werden ein Hochleistungsteam

Jetzt geht es um eure gesamte Gruppe!
Je besser Menschen gemeinsam in einer Gruppe handeln, desto besser werden ihre Leistungen und somit verbessert sich das Gruppenergebnis. Was denkt ihr: Seid ihr schon ein Hochleistungsteam? Was könnte euch helfen, im Team besser zusammenzuarbeiten? Habt ihr ein gemeinsames Ziel, auf das ihr hinarbeitet?

Was könnt ihr tun, damit ihr euch noch besser versteht?
Ihr habt nun die Aufgabe, euch eine Gruppenaktion zu überlegen, die den Zusammenhalt in der Gruppe stärkt. Berücksichtigt bei der Planung eure Teamrollen und verteilt anstehende Aufgaben passend zu den Teamrollen.

Tipp: Ihr könnt diese Aufgaben auch in der Qualifikationsbörse festhalten.

Ihr könnt z. B. ein Picknick planen. Ideen dazu kommen aus der Gruppe der Neuerer. Die Gruppe der Koordinatoren übernimmt die Aufteilung der Aufgaben, die Macher treiben an und motivieren, die Umsetzer führen durch usw. Achtet darauf, dass möglichst alle vertretenen Rollen eine Aufgabe bekommen.

Wertschätzung

Wertschätzung entspricht einer Kommunikation auf Augenhöhe und eines achtsamen Umgangs mit meiner Umwelt. Wenn ich jemanden oder etwas wertschätze, richte ich den Blick auf das Positive und gestalte die Beziehung im positiven Sinne, denn: „Wie man in den Wald hineinruft, so schallt es heraus". Wenn mich eine Bedienung in der Bäckerei anlächelt, lächle ich zurück. Dies gilt für alle Bereiche menschlicher Beziehungsgestaltung. So spiegelt eine Schulklasse den Unterrichtsstil des Lehrers, meine Freunde mein Verhalten. Wertschätzung sollte bedingungslos geschehen. Ich schätze jemanden wert, so wie ich es mir von dem anderen auch wünsche, ohne jedoch dafür eine Gegenleistung zu erwarten.

Dazu eine kleine Geschichte, die dieses verdeutlicht und die Sie den Jugendlichen anstelle von Fragen zum Einstieg und zur Diskussion vorlesen können:

Ein alter Mann saß vor den Toren einer Stadt. Alle Menschen, die in die Stadt gingen, kamen an ihm vorbei. Ein Fremder blieb stehen und fragte den alten Mann: „Du kannst mir sicher sagen, wie die Menschen in dieser Stadt sind?"
Der Alte sah ihn freundlich an: „Wie waren sie dort, wo du zuletzt warst?"
„Freundlich, hilfsbereit und großzügig. Sehr angenehme Menschen", antwortete der Fremde.
„Genauso sind sie auch in dieser Stadt!" Das freute den Fremden und mit einem Lächeln ging er durch das Stadttor.
Später kam ein anderer Fremder zum alten Mann. „Sag mir, Alter, wie sind die Menschen in dieser Stadt?"
Der Alte fragte auch ihn: „Wie waren sie dort, wo du zuletzt warst?"
„Furchtbar! Unfreundlich und arrogant."
Der alte Mann antwortete: „Ich fürchte, so sind sie auch in dieser Stadt!"

— Autor unbekannt, Quelle: http://www.zeitblueten.com/news/wie-sind-die-menschen-hier-in-der-stadt/, aufgerufen am 18.12.2014

Oft werden Jugendliche auf ihre Fehler und Schwächen hingewiesen und das Loben kommt zu kurz. Dabei ist der Gewinn von Lob und damit Wertschätzung doch vielversprechend: Wenn jemand viel Wertschätzung erfährt, steigt sein Selbstwert und der Mensch entwickelt eine Stärke, aus der heraus er offen und ebenfalls wertschätzend anderen Menschen gegenübertreten kann. Lassen Sie die Jugendlichen überlegen, wie man seine Wertschätzung einer anderen Person gegenüber ausdrücken kann.

Achtsamkeit, Empathie, Höflichkeit, Kommunikationsfähigkeit

Wertschätzung

Sternzacken zum Leuchten bringen

Ziel: den Wert jedes Einzelnen schätzen
Material: Tonpapier, Stifte und Scheren, ggf. Teelichter und ein Feuerzeug
Raum: ausreichend Platz für kleine Arbeitsgruppen
Zeit: 30 bis 45 Minuten

Durchführung: Die Jugendlichen bilden Kleingruppen mit mind. drei und max. sechs Personen. Zunächst malen sie einen Stern mit jeweils einer Zacke für jedes Gruppenmitglied. Dann überlegen alle gemeinsam, welche Stärken und Eigenschaften sie verbinden. Die Gemeinsamkeiten werden in das Zentrum des Sterns geschrieben. Anschließend beschriftet jeder in Absprache mit den anderen seine Sternzacke mit einer besonderen Eigenschaft oder Fähigkeit, die kein anderer aus der Gruppe hat. Wenn alle Gruppen ihren Stern fertig haben, werden diese im Plenum präsentiert.

Anmerkung: Die Präsentation kann etwas sehr Feierliches haben, wenn für jede Sternzacke ein Teelicht angezündet wird, welches passend auf den Stern gestellt wird.

Lobbaum

Ziel: gegenseitig Lob verteilen
Material: ein Ast, eine Abbildung von einem Baum oder ein selbst gebastelter Baum aus Tonpapier, ausgeschnittene Zettel in Blattform oder einfach nur rechteckige Zettelchen
Zeit: 20 bis 30 Minuten

Durchführung: Je nach Gruppengröße bitten Sie die Jugendlichen, entweder für jeden aus der Gruppe oder für bis zu zehn ausgewählte Gruppenmitglieder jeweils ein Kompliment aufzuschreiben. Das Kompliment wird auf ein Blatt geschrieben, welches auf der Rückseite mit dem Namen der betreffenden Person versehen wird. Wenn die Blätter aufgeklebt werden sollen, kommt der Name über das Kompliment. Anschließend werden die Blätter an den Baum gehängt, geheftet und die Adressaten können ihr Kompliment lesen. Am Ende des Jahres oder eines Zyklus (Schulhalbjahres) kann der Baum geerntet und die Komplimente gepflückt werden. Der Baum kann sich mit der Zeit immer weiter füllen!

Q Der Lobbaum kann Bestandteil der Qualifikationsbörse sein.

Anmerkung: Vielleicht kommt der Einwand: „Aber ich kenne denjenigen doch gar nicht richtig" oder „Wenn ich jemanden nicht leiden kann, kann ich dem doch kein Kompliment machen". Ermuntern Sie die Jugendlichen, dass es nicht darum geht, eine Person tief greifend zu beurteilen, sondern um eine nette Geste, die das Positive in den Mittelpunkt rückt. Das kann auch „nur" ein schöner Pulli sein.

Wertschätzung

„Oh, wie schön ist Panama“

Kennst du die Geschichte „Oh, wie schön ist Panama“ von Janosch? Sie handelt von einem Bären und einem kleinen Tiger, die sich auf die Suche nach Panama machen, denn der Bär sagt, dass in Panama alles viel schöner sei. Dort rieche es im ganzen Land nach Bananen und deswegen sei Panama auch das Land ihrer Träume. Ihr Ausflug endet damit, dass sie wieder an ihrem Haus ankommen, es jedoch nach so langer Zeit nicht wiedererkennen. Sie finden es so wunderschön, dass sie annehmen, dass sie in Panama angekommen sind und bleiben. – vgl. Janosch, 2012

Was hat diese Geschichte mit Wertschätzung zu tun?

Hast du schon einmal Ähnliches erlebt?
Muss man vielleicht ab und an mal Abstand nehmen, um den Wert von etwas zu erkennen?

Wer oder was ist in deinem Leben zur Selbstverständlichkeit geworden und hätte mehr Wertschätzung verdient?

Wie kannst du diese (stärker) zum Ausdruck bringen?

Wertschätzung
Meine kleine Bohnengeschichte

Wertschätzung fängt oft im Kleinen an. Es sind kleine Momente, durch die wir etwas wertschätzen können: ein freundliches Wort, ein Lächeln, ein gut gedeckter Tisch, gepflegte Schuhe, ein liebevoll gestaltetes Geschenk oder ein Kompliment. Dies gilt sowohl für den Umgang mit uns selbst als auch mit anderen. Wertschätzung spiegelt sich auch im Umgang mit Gegenständen oder Räumen wieder. Leider übersehen wir schnell den Wert eines anderen Menschen oder einer Sache. Der Fokus liegt dann eher auf dem, was nicht funktioniert. Im Folgenden erfährst du in einer kleinen Bohnengeschichte, wie dir Wertschätzung nicht verloren geht:

Der italienische Conte

In Italien kursiert die Geschichte von einem Grafen, der sehr alt wurde, weil er ein Lebensgenießer par excellence war. Niemals verließ er das Haus, ohne sich zuvor eine Handvoll Bohnen einzustecken. Er tat dies nicht etwa, um die Bohnen zu kauen. Er nahm sie mit, um so die schönen Momente des Tages bewusster wahrzunehmen und um sie besser zählen zu können. Für jede positive Kleinigkeit, die er tagsüber erlebte – zum Beispiel eine nette Konversation auf der Straße, das Lächeln seiner Frau und Lachen seiner Kinder, ein köstliches Mahl, eine feine Zigarre, einen schattigen Platz in der Mittagshitze, ein Glas guten Weines – kurz: für alles, was die Sinne erfreute, ließ er eine Bohne von der rechten in die linke Jackentasche wandern. Manche Begebenheit war ihm gleich zwei oder drei Bohnen wert. Abends saß er dann zu Hause und zählte die Bohnen aus der linken Tasche.
Er zelebrierte diese Minuten.
So führte er sich vor Augen, wie viel Schönes ihm an diesem Tag widerfahren war und freute sich des Lebens. Und sogar an einem Abend, an dem er bloß eine Bohne zählte, war der Tag gelungen, hatte es sich zu leben gelohnt.

— Quelle: Horst Conen: Optimisten brauchen keinen Regenschirm. Ariston Verlag, 1996

Wie wirkt die Geschichte auf dich? Glaubst du, die Strategie des Grafen ist hilfreich? Kannst du dir vorstellen, diese in deinem Alltag anzuwenden? Falls ja, versuche einmal, deine schönen Momente zu sammeln: Suche dir zu Hause Bohnen, Steine, Murmeln oder etwas anderes, was nicht viel Platz einnimmt und was du gut transportieren kannst. Als Behältnis kannst du eine schöne Schachtel oder ein kleines Säckchen nehmen. Vielleicht möchtest du ja auch selbst etwas basteln oder nähen?

Zeitmanagement

Viele Menschen denken, dass sie, wenn sie ihre Zeit effizienter planen und einteilen, noch mehr Zeit für mehr Aufgaben haben. Leider ist dies oft eine Fehleinschätzung und nach eingehender Analyse kommen die meisten zu dem Ergebnis, dass der gefühlte Zeitmangel eher mit dem eigenen Verhalten, Empfinden und zu vielen Aufgaben zu tun hat. Es geht also mehr um eine Art „Selbstmanagement" bzw. eine Form des Selbstcoachings.

In der Praxis bezieht sich Zeitmanagement auf die Gestaltung des Tages, der Woche oder eines längeren Zeitraums, unabhängig von der einzelnen Tätigkeit. Dabei wird zwischen strategischem und operativem Zeitmanagement unterschieden. Strategisches Zeitmanagement orientiert sich an der Frage: „Welche übergeordneten Ziele verfolge ich?" Operatives Zeitmanagement ist die praktische Umsetzung der im strategischen Zeitmanagement gesetzten Ziele. Es beinhaltet eine Reihe von Instrumenten, die z. B. helfen,

- besser zu planen,
- Prioritäten zu setzen,
- Ordnung zu halten,
- den Aufwand zu reduzieren oder
- Zeitfenster zu organisieren.

Arbeitsblätter hierzu finden Sie auch bei den Schlüsselqualifikationen, auf die unten hingewiesen wird.

Folgende Fragestellungen können für einen Gesprächseinstieg hilfreich sein:

- Was versteht ihr unter Zeitmanagement?
- Könnt ihr Unterstützung in eurem Zeitmanagement gebrauchen?
- Woran merkt ihr, dass ihr eure Zeit effektiver hättet nutzen können?
- Habt ihr das Gefühl, trotz guten Zeitmanagements zu viele Aufgaben erfüllen zu müssen?
- Wieso ist ein gutes Zeitmanagement wichtig für das Berufsleben?

Entspannungskompetenz, Ordnungssinn, Planungs- und Organisationskompetenz, Stressmanagement.

Zeitmanagement

Unsere Zeitfresser

Ziel: Zeitfresser entlarven
Zeit: 15 bis 20 Minuten

Durchführung: Sammeln und notieren Sie mit den Jugendlichen am Beispiel der letzten Tage Ereignisse und Tätigkeiten, die eigentlich nicht gemacht werden müssen bzw. als störend und ablenkend empfunden werden.

Reflexion: Empfindet ihr die Zeitfresser als Störung oder willkommene Abwechslung?

Anmerkung: Sehr schnell wird sich herausstellen, dass es insbesondere die neuen Medien sind, die uns von den wesentlichen Dingen abhalten. Facebook und Co. sind Zeitfresser und meistens willkommene Ablenkungen. Aber auch andere Faktoren, wie z. B. eine Busverspätung, können Zeitfresser sein.

Die 60:40-Regel

Vorgeschichte: Für ein effektives Zeitmanagement wird empfohlen, 40% des Tages als „Puffer" für unerwartete Ereignisse und Störungen einzuplanen sowie 60% für die Aufgaben, die erledigt werden müssen.

Ziel: Zeitfresser in den Tagesablauf integrieren und den Umfang einschätzen.

Durchführung: Nutzen Sie die zuvor erarbeiteten „Zeitfresser" der Jugendlichen und stellen Sie zur Diskussion, ob diese den besagten Puffer von 40% nicht ausfüllen, gerade so ausfüllen oder gar übersteigen. Anschließend befassen Sie sich mit den 60% der Tätigkeiten. Was sind die wesentlichen Aufgabenstellungen des Tages?

Reflexion: Wofür könntet ihr einen Puffer gebrauchen? Was sind ungeplante Ereignisse? Gibt es vielleicht etwas, was ihr jeden Tag vergesst, einzuplanen? Vereinnahmen eure Zeitfresser mehr als 40 % des Tages? Was beinhalten die 60% für Tätigkeiten?

Anmerkung: Bei dieser Übung bekommen die Jugendlichen ein Gefühl für ihre Tagesgestaltung und können eine erste Einschätzung liefern, wie viel Zeit die einzelnen Tätigkeiten benötigen.

Zeitmanagement

Mein Zeitkuchen

Gestalte deinen eigenen Zeitkuchen, indem du die Tätigkeiten einer Woche der Zeitdauer entsprechend verschieden großen Kuchenstücken zuordnest. Damit du nicht durcheinanderkommst, schreibe zunächst alle Tätigkeiten auf, die in den Kuchen gehören, z. B.: *Fahrt zur Schule, Schulzeit, Hausaufgaben, Hobbys, Unternehmungen mit der Familie, essen, Freunde treffen, Haustiere versorgen etc. Du kannst deinen Kuchen auch verzieren. Besonders beliebte Kuchenstücke können eine Kirsche, Schokostreusel oder ein Sahnehäubchen bekommen.*

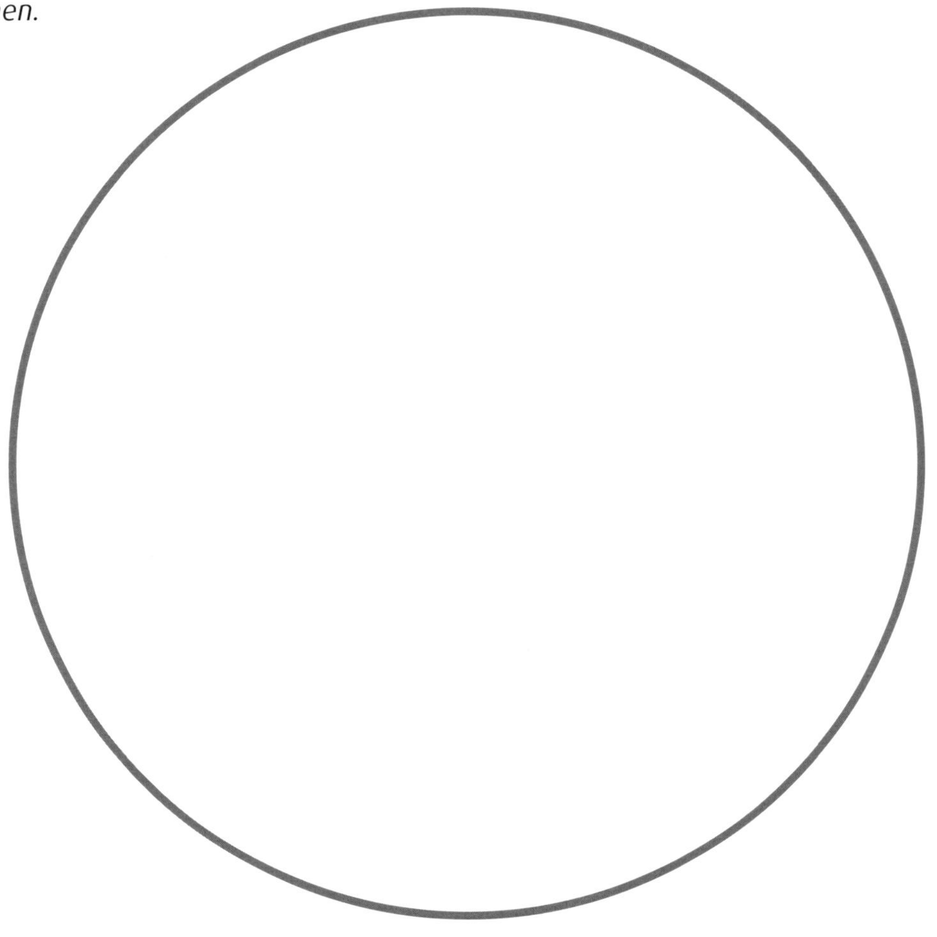

Wenn du deinen Kuchen fertig hast, kannst du dir selbst einmal folgende Fragen stellen:

- Bin ich zufrieden mit meinem Kuchen?
- Kommt etwas zu kurz bzw. habe ich für etwas zu wenig Zeit?
- Welche Tätigkeit sollte zukünftig mehr Raum in meinem Leben einnehmen?
- Welches Kuchenstück bereitet mir am meisten Freude?
- Welches Kuchenstück „schmeckt“ mir nicht?

Tausche dich nun mit deinem Sitznachbarn aus:

- Sind sich eure Kuchen ähnlich?
- Was unterscheidet sie?
- Fällt euch etwas auf?

Zeitmanagement

Meine Zeitmanagementstrategien

Welche dieser Strategien würde dir helfen, deine Zeit besser zu managen?
Lege eine Reihenfolge fest. Begründe deine Wahl.

- [ ] Prioritäten anders setzen
- [ ] etwas abgeben
- [ ] besser planen
- [ ] Infostress/Ablenkungen ausschalten
- [ ] mehr Ordnung halten

Auszug aus „Momo“

„Siehst du, Momo“, sagte er dann zum Beispiel, „es ist so: Manchmal hat man eine sehr lange Straße vor sich. Man denkt, die ist so schrecklich lang, die kann man niemals schaffen, denkt man.“
Er blickte eine Weile schweigend vor sich hin, dann fuhr er fort: „Und dann fängt man an sich zu eilen. Und man eilt sich immer mehr. Jedes Mal, wenn man aufblickt, sieht man, dass es gar nicht weniger wird, was noch vor einem liegt. Und man strengt sich noch mehr an, man kriegt es mit der Angst, und zum Schluss ist man ganz außer Puste und kann nicht mehr. Und die Straße liegt immer noch vor einem. So darf man es nicht machen!“
Er dachte einige Zeit nach. Dann sprach er weiter: „Man darf nie an die ganze Straße auf einmal denken, verstehst du? Man muss nur an den nächsten Schritt denken, an den nächsten Atemzug, an den nächsten Besenstrich. Und immer wieder nur den nächsten.“
Wieder hielt er inne und überlegte, ehe er hinzufügte: „Dann macht es Freude; das ist wichtig, dann macht man seine Sache gut. Und so soll es sein.

— Quelle: Michael Ende: Momo. Thienemann, 2005, S. 38 f.

Wie würdest du die angewandte Zeitmanagementstrategie in dem Auszug beschreiben?
Lässt sich das auf deinen Alltag übertragen?
Suche ein Beispiel und notiere es.

....

....

....

....

....

Zuverlässigkeit

Zuverlässigkeit schafft durch beständiges Verhalten Vertrauen und ist daher nicht nur von Geburt an von existenzieller Bedeutung, sondern auch für zukünftige Beziehungen die Basis für Bindung und eine positive Beziehungsgestaltung.

Viele Jugendliche messen mit zweierlei Maß. Die Zuverlässigkeit, die sie von anderen Menschen als Selbstverständlichkeit annehmen, sind sie (noch) nicht in der Lage, zu leisten, sondern rebellieren gerade in diesem Kontext gern gegen die von anderen gesetzten „Maßstäbe", indem sie sich unverbindlich verhalten. Die von der Schule, den Eltern und zukünftigen Arbeitgebern verlangte Zuverlässigkeit wird oft als kleinlich oder überflüssig angesehen. Zuverlässigkeit gestaltet jedoch nicht nur unsere Beziehungen und Handlungsspielräume, sondern schafft eine Verbindlichkeit, welche z.B. im späteren Arbeitsalltag eine unabdingbare Voraussetzung ist.

Sprichwörter wie „Wer sich auf andere verlässt, der ist verlassen" zeigen, wie häufig Unzuverlässigkeit auch im Erwachsenenalter vorkommt und wie bitter es aufstößt, wenn gesetzte Erwartungen enttäuscht werden. Auf jemanden bauen zu können, ist eine nicht zu unterschätzende Ressource und auch ein Ausdruck von Wertschätzung und Respekt anderen gegenüber.

Folgende Fragestellungen können für einen Gesprächseinstieg hilfreich sein:

- Woran merkt man, dass jemand zuverlässig ist?
- Wieso ist es wichtig, zuverlässig zu sein?
- Ist es euch wichtig, dass andere zuverlässig sind?
- Was hat Zuverlässigkeit mit Höflichkeit zu tun?
- Was erfordert Zuverlässigkeit von einem selbst?
- Warum fällt es einem manchmal schwer, zuverlässig zu sein?

Disziplin, Eigenverantwortung, Empathie, Höflichkeit

Zuverlässigkeit

Blind führen

Ziel: sich auf einen anderen verlassen können
Material: Tücher oder Schals, um die Augen verbinden zu können
Raum: ausreichend Platz, um eine längere Strecke laufen zu können
Zeit: 30 bis 45 Minuten

Durchführung: Jemanden, der blind ist, zu führen, zählt sicherlich zu den Klassikern bei den Vertrauensübungen. Die Jugendlichen bilden Paare. Einer hat die Augen verbunden und wird von dem anderen geführt. Bei zunehmendem Vertrauen kann dieses auch ohne Körperkontakt, sondern nur mit Worten geschehen. Ermuntern Sie die Jugendlichen, verschiedene Formen des Führens auszuprobieren.

Reflexion: Hast du dich als blinde Person sicher gefühlt? Konntest du dem anderen vertrauen? Wie war es für dich in der Rolle des Führenden? Könnt ihr diese Erfahrung auf andere Lebensbereiche übertragen?

Anmerkung: Bitten Sie die Jugendlichen, diese Übung und die damit einhergehende Verantwortung ernst zu nehmen und sich insbesondere als Führender so zu verhalten, wie man es sich auch im Gegenzug von dem anderen wünschen würde.

Pendeln

Ziel: Vertrauen geben und entwickeln
Raum: ausreichend Platz für Körperübungen
Zeit: 20 bis 30 Minuten

Durchführung: Das Pendeln ist ebenfalls ein Klassiker unter den Vertrauensübungen. Die Jugendlichen tun sich in 3er-Gruppen zusammen. Einer steht in der Mitte und lässt sich wie ein Pendel vorsichtig nach vorn oder hinten fallen. Dabei ist Körperspannung ganz wichtig. Die Außenstehenden haben ihre Arme angewinkelt und fangen die Person in der Mitte frühzeitig mit flachen Händen auf Schulterhöhe auf. Nach ca. drei Minuten darf gewechselt werden.

Reflexion: Konntet ihr einander vertrauen? Warum ist es wichtig, bei dieser Übung zuverlässig zu sein? Könnt ihr diese Erfahrung auf andere Lebensbereiche übertragen?

Anmerkung: Auch diese Übung baut auf das Vertrauen innerhalb der Gruppe, d. h., es ist wichtig, dass die Übung ernst genommen wird bzw. kein Missbrauch damit betrieben wird!

Zuverlässigkeit

Welche Rolle spielt Zuverlässigkeit in meinem Leben?

Welchen Stellenwert hat für dich Zuverlässigkeit bezogen auf das Verhalten anderer?
Du kannst auch ein konkretes Beispiel nennen.

Welchen Stellenwert hat für dich Zuverlässigkeit bezogen auf dein Verhalten?
Du kannst auch hier ein konkretes Beispiel nennen.
Verwende für das Einzeichnen zwei verschiedenfarbige Stifte.

1	2	3	4	5	6	7	8	9	10

Gibt es Unterschiede zwischen beiden Skalen? Orientiert sich deine Verbindlichkeit an dem, was dir wichtig ist, oder achtest du auch auf die Bedürfnisse anderer?

....

....

....

....

....

Worauf möchtest du dich verlassen können?

....

....

....

....

....

Worauf können sich andere bei dir verlassen?

....

....

....

....

....

Zuverlässigkeit

Meine Treppe zur Zuverlässigkeit

Zuverlässigkeit zu trainieren, fängt mit dem Vorsatz an, zuverlässiger zu werden. Meist geben wir einer anderen Person ein „Versprechen", dass wir demnächst in einem bestimmten Lebensbereich oder Verhalten zuverlässiger werden. Wenn wir das Versprechen nicht einhalten, ist der andere enttäuscht und fühlt sich in unserer Unzuverlässigkeit bestätigt. Du selbst fühlst dich wahrscheinlich auch nicht viel besser, denn der Druck wird immer größer. Unten stehend siehst du eine Treppe. Trage auf die oberste Stufe dein Ziel ein, z. B. „Demnächst komme ich immer pünktlich". Schätze nun, wie hoch deine derzeitige Zuverlässigkeit ist. Damit du dich nicht gleich übernimmst und „zu viel" versprichst, überlege, was dein nächster, kleiner Handlungsschritt sein könnte, und schreibe diesen an die Treppe, also wie du z. B. von der dritten Stufe auf die vierte Stufe kommst. Das macht es viel leichter für dich.

Wenn du es schaffst, zunächst kleine Versprechen einzuhalten, wird es für beide Seiten ein Erfolgserlebnis. Versprochen!

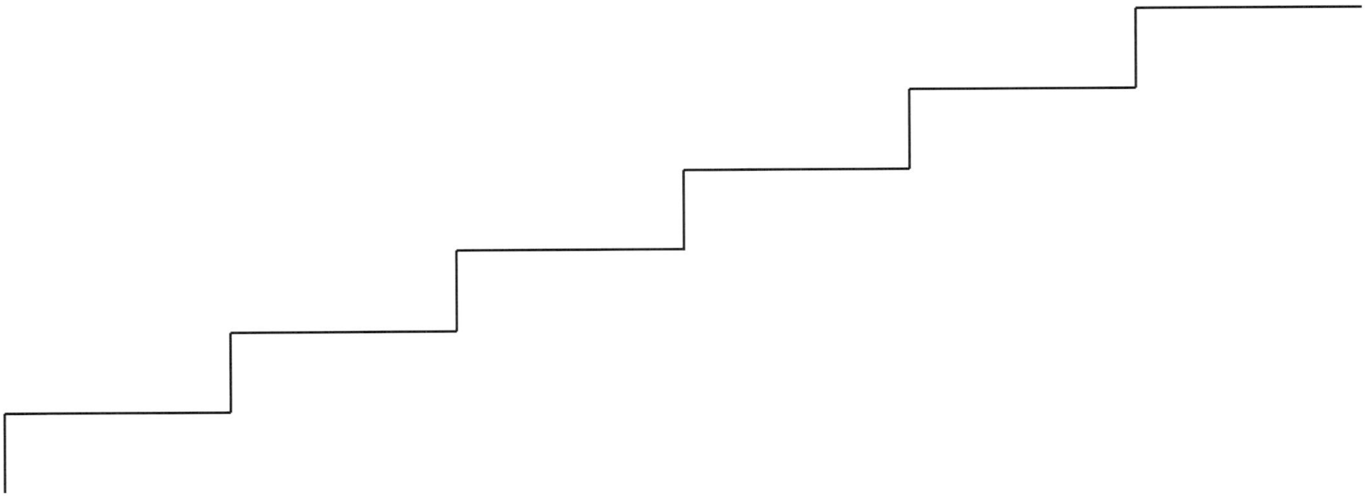

Urkunde

....

hat sich beim Trainieren der Schlüsselqualifikation

....

in besonderem Maße qualifiziert.

Mit Anerkennung und Lob

....

Ort, Datum Unterschrift

© Verlag an der Ruhr | Autorin: Antonia Klein | ISBN 978-3-8346-2780-3 | www.verlagruhr.de

Literaturverzeichnis

Publikationen

Belbin, R. Meredith: **Team Roles at Work.** 2. Aufl. Taylor & Francis, 2010. ISBN: 978-1-85617-800-6

Borkenau, Peter & Ostendorf, Fritz: **NEO-Fünf-Faktoren-Inventar (NEO-FFI) nach Costa und McCrae.** Handanweisung. 2. Auflage. Hogrefe, 2008.

Bundeszentrale für gesundheitliche Aufklärung (Hrsg.): **Achtsamkeit und Anerkennung. Materialien zur Förderung des Sozialverhaltens in der Grundschule.** Köln 2002. ISBN: 3-933191-85-8

Conen, Horst: **Optimisten brauchen keinen Regenschirm.** Ariston Verlag, 1996. ISBN: 978-3-7205-1937-3

Covey, Sean: **Die 7 Wege zur Effektivität für Jugendliche: ein Wegweiser für mehr Erfolg.** 3. Auflage. Gabal Verlag, 2007. ISBN: 978-3-8974-9663-7

Ende, Michael: **Momo.** 20. Auflage. Thienemann, 2005. ISBN: 978-3-5221-7750-4

Frank, Anne: **Tagebuch.** 19. Auflage. Fischer Taschenbuch Verlag, 2013. ISBN: 978-3-5961-5277-3

Janosch: **Oh, wie schön ist Panama.** 48. Auflage. Beltz Verlag, 2012. ISBN: 978-3-4078-0533-1

Freiherr Knigge, Moritz: **Spielregeln: Wie wir miteinander umgehen sollten.** 4. Auflage. Gustav Lübbe Verlag, 2004. ISBN: 978-3-7857-2181-0

Korzybsky, Alfred: **Science and Sanity: An Introduction to Non-Aristotelian Systems and General Semantics.** 5. Auflage. Institute of General Semantics, 1995. ISBN: 978-0-9372-9801-5

Lewald, August/Weil Gustav: **Tausend und eine Nacht: Arabische Erzählungen.** Zum Erstenmale aus dem arabischen Urtext treu übersetzt von Dr. Gustav Weil. Verlag der Classiker, 1841. Online verfügbar unter http://bit.ly/1xKQr8O

Maslow, Abraham H.: **Motivation und Persönlichkeit.** 12. Auflage. Rororo, 1981. ISBN: 978-3-4991-7395-0

Mertens, Dieter: **Schlüsselqualifikationen. Thesen zur Schulung für eine moderne Gesellschaft.** In: Mitteilungen aus der Arbeitsmarkt- und Berufsforschung, Jg. 7, H. 1, S. 36–43, 1974. Zugriff unter: http://doku.iab.de/mittab/1974/1974_1_MittAB_Mertens.pdf, 04.01.2015

Portmann, Rosemarie: **Spiele, die stark machen.** 4. Auflage. Don Bosco Medien, 2008. ISBN: 978-3-7698-1108-7

Richter, Kurt F.: **Coaching als kreativer Prozess. Werkbuch für Coaching und Supervision mit Gestalt und System.** 3. Auflage. Vandenhoeck & Ruprecht, 2012. ISBN: 978-3-525-40156-9

Schein, Edward H.: **Career Dynamics: Matching Individual and Organizational Needs.** Addison Wesley, 1978. ISBN: 978-0201068344

Schulz von Thun, Friedemann: **Miteinander reden 1: Störungen und Klärungen. Allgemeine Psychologie der Kommunikation.** 48. Auflage. Rowohlt, 2010. ISBN: 978-3-4991-7489-6

Tuckman, Bruce W.: **Developmental sequence in small groups.** Psychological Bulletin, Vol. 63(6), p. 384–399, 1965.

Varga von Kibéd, Matthias/ Sparrer, Insa: **Ganz im Gegenteil: Tetralemmaarbeit und andere Grundformen Systemischer Strukturaufstellungen – für Querdenker, und solche die es werden wollen.** 8. Auflage. Carl Auer Verlag, 2014. ISBN: 978-3-8967-0686-7

Internetquellen

www.berufsstrategie.de/bewerbung-karriere-soft-skills/praesentation-aha-smart-aida-prinzip.php

www.berufsstrategie.de/bewerbung-karriere-soft-skills/kommunikationsmodelle-eisberg-modell.php

www.institut-achtsame-kommunikation.de/index.php/informationen-zu-achtsamkeit/achtsamkeit-fuer-paedagogen

www.munkmediation.at/index.php?option=com_content&view=article&id=59&Itemid=67

www.peterkleinau.com/ein-konflikt-kommt-selten-allein/#more-1015

www.sinn-reich.de/das_4mat_system/

www.zeitblueten.com/news/wie-sind-die-menschen-hier-in-der-stadt/

www.zeitblueten.com/news/vom-moench-und-dem-brunnen/

Medientipps

Literatur

Baer, Ulrich: **666 Spiele für jede Gruppe für alle Situationen.** 25. Auflage. Kallmeyersche Verlagsbuchhandlung, 2009. ISBN: 978-3-7800-6100-3

Blum, Hans-Joachim/Blum, Eva: **Der Klassenrat. Ziele, Vorteile, Organisation.** Verlag an der Ruhr, 2012. ISBN: 978-3-8346-2289-1

Covey, Stephen R.: **Die 7 Wege zur Effektivität. Prinzipien für persönlichen und beruflichen Erfolg**. 31. Auflage. Gabal Verlag, 2014. ISBN: 978-3-8974-9573-9

Ebner, Peter H./Fritz, Sabine: **Berufswahl: Das will ich – Das kann ich – Das mach ich. Lebensplanung spielerisch ausprobieren.** Verlag an der Ruhr, 2005. ISBN: 978-3-8346-0026-4

Faller, Kurt/Kerntke, Wilfried/ Wackmann, Maria: **Konflikte selber lösen. Trainingshandbuch für Mediation und Konfliktmanagement in Schule und Jugendarbeit.** Verlag an der Ruhr, 2009. ISBN: 978-3-8346-0526-9

Große Boes, Stefanie/Kaseric, Tanja: **Trainer-Kit. Die wichtigsten Trainingstheorien, ihre Anwendung im Seminar und Übungen für den Praxistransfer.** 6. Auflage. manager SeminareVerlag, 2014. ISBN: 978-3-9360-7545-8

Hoffmann, Cordula: **Eine Klasse – ein Team! Methoden zum kooperativen Lernen.** Verlag an der Ruhr, 2009. ISBN: 978-3-8346-0594-8

Jones, Alanna: **Ganz verschieden ... und doch ein Team. 100 Spiele für soziales Lernen in Regel- und Inklusionsklassen.** Verlag an der Ruhr, 2012. ISBN: 978-3-8346-2287-7

Kaster, Armin: **Wie du wirklich stark und selbstbewusst wirst.** Verlag an der Ruhr, 2012. ISBN: 978-3-8346-2288-4

Klein, Antonia/Schmidt, Brunhilde: **Ich – Du – Wir alle! 33 Spiele für soziales Kompetenztraining.** Verlag an der Ruhr, 2009. ISBN: 978-3-8346-0569-6

Krenner, Andreas: **Die große Spielesammlung für Schule und Jugendarbeit.** 300 Ideen für große und kleine Gruppen. Verlag an der Ruhr, 2014. ISBN: 978-3-8346-2634-9

Rosenberg, Marshall B.: **Gewaltfreie Kommunikation:** Eine Sprache des Lebens. 10. Auflage. Junfermann Verlag, 2012. ISBN: 978-3-8738-7454-1

Internet

www.komm-auf-tour.de/projekt/berufsorientierung-lebensplanung/
Das Projekt „komm auf Tour" ist ein kommunal verankertes Angebot der Bundeszentrale für gesundheitliche Aufklärung (BZgA) in Zusammenarbeit mit der Bundesagentur für Arbeit (BA) und verbindet geschlechtersensibel Berufsorientierung und Lebensplanung.

www.kommpetenz.net/jugendliche/
Auf der Seite finden Jugendliche Hilfen zur Kompetenzentwicklung und eine Übergangsbegleitung in den Ausbildungs- und Arbeitsmarkt.

www.paulwatzlawick.de/axiome.html
Die Seite erläutert Watzlawicks Grundregeln der menschlichen Kommunikation.

www.schluesselundblume.de
Die Homepage der Autorin und ihrer Geschäftspartnerin mit Informationen zu ihren Produkten sowie ihren Dienstleistungen wie Coaching und Training.

Bildnachweis

Alle Fotolia.com:
Icons © Happy Art,
S. 5 © Denis Junker,
S. 14 © bluedesign,
S. 17 © Juergen Faelchle,
S. 18 © sdecoret,
S. 21 © fotogestoeber,
S. 22 Coloures-pic,
S. 26 © Marem,
S. 34 © Marco2811_sw.tif,
S. 85 © rvlsoft
S. 24 © jehafo,
S. 30 © djama,
S. 33 © leksustuss,
S. 38 © xalanx,
S. 42 © Stefan Thiermayer,
S. 45 © mayakova,
S. 46 © T. PUNKT Michel,
S. 50 © Reimer - Pixelvario,
S. 54 © apops,
S. 57 © bofotolux,
S. 58 © iQoncept,
S. 60 © Henry Czauderna,
S. 61 © Jumpingsack,
S. 62 © GiZGRAPHICS,
S. 70 © Tetastock,
S. 72 © Wolfgang Kruck,
S. 74 © Photographee
S. 76 © Peter Hermes Furian,
S. 78 © Stauke,
S. 80 © Serhii Novikov,
S. 81 © abcmedia,
S. 82 © vege,
S. 86 © Pavel Losevsky,
S. 89 © Oleksandr Moroz,
S. 90 © kbuntu,
S. 94 © Michael Homann,
S. 96 © stockWERK,
S. 97 © Robert Kneschke,
S. 98 © Krasimira Nevenova,
S. 100 © Carmen Steiner,
S. 102 © Syda Productions,
S. 107 © electriceye,
S. 106 © Matthias Enter,
S. 108 © Kovalenko Inna,
S. 109 © Olivia,
S. 110 © Rawpixel,
S. 111 © Trueffelpix,
S. 115 © mars,
S. 119 © Ralf-Udo Thiele,
S. 121 © ferkelraggae,
S. 122 © Phase4Photography,
S. 123 © klickerminth,
S. 127 © Trueffelpix,
S. 133 © andreusK,
S. 134 © Marem,
S. 137 © Sean Gladwell
S. 138 © Orlando Florin Rosu,
S. 142 © thingamajiggs
S. 146 © Andrey Kuzmin,
S. 146 © final09
S. 149 © photoinstyleat

111 Ideen für das 5. Schuljahr

Vom Kennenlernspiel bis zur richtigen Heftführung

Kl. 5, 184 S., 16 x 23 cm, Paperback
ISBN 978-3-8346-0892-5

KlassenlehrerIn sein

Das Handbuch. Strategien, Tipps, Praxishilfen

Für alle Schulstufen, 174 S., 16 x 23 cm,
Paperback, farbig
ISBN 978-3-8346-0154-4

Verlag an der Ruhr

Postfach 10 22 51
45422 Mülheim an der Ruhr

Telefon 030/89 785 235
Fax 030/89 785 578

bestellungen@cornelsen-schulverlage.de
www.verlagruhr.de

Produktive Unterrichts-einstiege

100 motivierende Methoden für die Sekundarstufen

Kl. 5–13, 134 S., 16 x 23 cm, Paperback
ISBN 978-3-8346-0022-6

Produktive Arbeitsphasen

100 Methoden für die Sekundarstufen

Kl. 5–13, 152 S., 16 x 23 cm, Paperback
ISBN 978-3-8346-0325-8

Unterrichtseinheiten erfolgreich abschließen

100 ergebnisorientierte Methoden für die Sekundarstufen

Kl. 5–13, 137 S., 16 x 23 cm, Paperback
ISBN 978-3-8346-0153-7

Eine Klasse – ein Team!

Methoden zum kooperativen Lernen

Für alle Schulstufen, 120 S.,
16 x 23 cm, Paperback
ISBN 978-3-8346-0594-8

Ganz verschieden ... und doch ein Team

100 Spiele für soziales Lernen in Regel- und Inklusionsklassen

Kl. 4–13, 248 S., 16 x 23 cm, Paperback
ISBN 978-3-8346-2287-7

Bühne frei für alle

Methoden für Improvisation und Theater in Schule und Freizeit

Für alle Schulstufen, 152 S.,
17 x 24 cm, Paperback
ISBN 978-3-8346-2340-9

Strategien • Tipps • Praxishilfen

Verlag an der Ruhr

Postfach 10 22 51
45422 Mülheim an der Ruhr
Telefon 030/89 785 235
Fax 030/89 785 578
bestellungen@cornelsen-schulverlage.de
www.verlagruhr.de

■ **Burnout-Falle Lehrerberuf?**

Infos, Tests und Strategien zum Vorbeugen, Erkennen, Bewältigen

Für alle Schulstufen, 176 S.,
17 x 24 cm, Paperback
ISBN 978-3-8346-2325-6

■ **Mehr Motivation und Abwechslung im Unterricht!**

99 Methoden zur Schüleraktivierung

Kl. 5–13, 144 S., 17 x 24 cm, Paperback,
mit bearbeitbaren Word-Dateien zum Download
ISBN 978-3-8346-2328-7

■ **Eine Schule für alle**

Inklusion umsetzen in der Sekundarstufe

Kl. 5–13, 359 S., 16 x 23 cm, Paperback,
farbig, mit Download-Angebot
ISBN 978-3-8346-0891-8

■ **„Unsere Tochter nimmt nicht am Schwimmunterricht teil!"**

50 religiös-kulturelle Konfliktfälle in der Schule und wie man ihnen begegnet

Für alle Schulstufen, 192 S.,
16 x 23 cm, Paperback, farbig
ISBN 978-3-8346-0969-4

■ **Kollegiale Fallberatung in der Schule**

Warum, wann und wie?

Für alle Schulstufen, 100 S.,
16 x 23 cm, Paperback
ISBN 978-3-8346-2235-8

Ratgeber Inklusion

■ **Classroom-Management im inklusiven Klassenzimmer**

Verhaltensauffälligkeiten: vorbeugen und angemessen reagieren

Kl. 5–10, 183 S., 17 x 24 cm, Paperback
ISBN 978-3-8346-2326-3

■ **Lernen mit Projekten**

In der Gruppe planen, durchführen, präsentieren

Kl. 5–13, 156 S., 16 x 23 cm,
Paperback, farbig, CD-ROM
ISBN 978-3-8346-0440-8

■ **Rituale und Phasenübergänge in der Sekundarstufe**

... für einen strukturierten Schulalltag

Kl. 5–10, 136 S., 16 x 23 cm, Paperback
ISBN 978-3-8346-2283-9

Strategien • Tipps • Praxishilfen